U0576856

向教育名家学习
教育智慧

《"四特"教育系列丛书》编委会　编著

吉林出版集团股份有限公司

全国百佳图书出版单位

图书在版编目 (CIP) 数据

向教育名家学习教育智慧 /《"四特"教育系列丛书》
编委会编著 . —长春：吉林出版集团股份有限公司，2013.1
（"四特"教育系列丛书）
 ISBN 978-7-5534-1034-0

 I. ①向… Ⅱ . ①四… Ⅲ . ①教育思想－世界Ⅳ .
① G40-09

中国版本图书馆 CIP 数据核字（2012）第 279779 号

向教育名家学习教育智慧
XIANG JIAOYU MINGJIA XUEXI JIAOYU ZHIHUI

出 版 人	吴　强
责任编辑	朱子玉　杨　帆
开　　本	690mm×960mm　1/16
字　　数	250 千字
印　　张	13
版　　次	2013 年 1 月第 1 版
印　　次	2023 年 2 月第 3 次印刷

出　　版	吉林出版集团股份有限公司
发　　行	吉林音像出版社有限责任公司
地　　址	长春市南关区福祉大路 5788 号
电　　话	0431-81629667
印　　刷	三河市燕春印务有限公司

ISBN 978-7-5534-1034-0　　　　　　定价：39.80 元

前　言

　　学校教育是个人一生中所受教育最重要的组成部分，个人在学校里接受计划性的指导，系统地学习文化知识、社会规范、道德准则和价值观念。学校教育从某种意义上讲，决定着个人社会化的水平和性质，是个体社会化的重要基地。知识经济时代要求社会尊师重教，学校教育越来越受重视，在社会中起到举足轻重的作用。

　　"四特教育系列丛书"以"特定对象、特别对待、特殊方法、特例分析"为宗旨，立足学校教育与管理，理论结合实践，集多位教育界专家、学者及一线校长、教师的教育成果与经验于一体，围绕困扰学校、领导、教师、学生的教育难题，集思广益，多方借鉴，力求全面彻底解决。

　　本辑为"四特教育系列丛书"之《教师全方位修炼》。

　　教师的职业是"传道受业解惑"，教师的职责是把教学当成自己的终生事业，用"爱"塔起教育的基石，用自己的学识及人格魅力，点燃学生的兴趣，促进学生健康快乐地成长。

　　学生专业知识水平的高低，很大程度上受教师知识水平的制约，如果教师在教学中对教材分析不透，对知识重点把握不准，要点讲解不清，那么学生就会产生一种模糊的感觉。因此，教师必须知识广博、语言丰富，学生才能学到真正的知识。本书从新世纪、新时代经济和社会发展的要求出发，将理论与实践相结合，对新世纪教师素质及其修养的一系列问题，做了比较全面、系统、深入的阐述。

　　本辑共20分册，具体内容如下：

　　1.《师魂》

　　教师被人们称为"人类灵魂的工程师"，担负着传授知识、传承文明、培养人才、提高民族素质的光荣任务。教师的最高境界就是需要"忙人之所闲，闲人之所忙"，从有到无，从无到有；从看教育是教育，到看教育不是教育，再到看教育还是教育，这就是对教育的最大贡献，让人的精神生活世界有生机、有活力、有智慧。

　　2.《以礼服人》

　　作为教师，我们要正确领会礼仪、礼貌、礼节、仪式和教师礼仪的概念，领会礼仪的地位和作用，掌握教师礼仪的原则、方法，坚持科学发展观，为构建社会主义和谐校园而奋斗。教师的一举手一投足，甚至一颦一笑，都蕴含着教育的力量。本书从教师的个人形象、教师的服饰、教师的语言、师生关系礼仪、教师与家长沟通礼仪、同事共处礼仪、集会礼仪和社会交往礼仪等方面，系统阐述了教师礼仪的一些基本常识。

　　3.《教师的一生修炼》

　　本书将重点探讨如下方面：职业规划——自我实现的教育生涯、如何设计职业生涯、职业发展规划行动、教师入职与离职规划、新教师角色适应规划、教师专业发展规划、校长成长规则、职场诊断与修炼、潜能开发及享受学习化教育生活等。

4.《育人先做人》

教师是学生智慧的启蒙者及学生未来的引领者。教师的质量决定了教育的质量。教师的品质决定了教育的品质。教师人格的完善能够提升教育的水准。教育职业对教师人格提出了严格的要求：在教师自身的人格教育中不断提升自我、完善人格。人格教育是一生的工作，会伴随一个人的一生。

5.《教育语言随心用》

本书内容涵盖了教学语言艺术和教育语言艺术训练的方方面面。从宏观综论到微观剖析，从课堂艺术到辅导艺术，从艺术对话到精彩演讲，从个性张扬到群体发展，从全体教育到特殊教育，内容充实、观点鲜明，为教师准确使用教学语言和教育语言提供了可以借鉴的经验。

6.《师者无敌》

本书编写的基本理念是：就内容构架而言，以促进教师对自身职业的理解为基础，以增进教师职业人生的完善为基本目标，以启发、引导的方式来促进教师德性的自主形成；就编写形式而言，力求摆脱单一的理论说教，从当代教师职业生活实际出发，抓住主要问题，采取生动、灵活的语体形式，把精要的论述与典型的事例结合起来，注重该书的可读性。

7.《教师的信仰》

职业精神是教师不可缺失的最本质的东西。一位教师能不能成为好教师、名教师，关键是有没有职业道德，有没有职业精神。今天的教育，缺的不是理念，而是行为与操作；缺的不是水平，而是责任和精神。教育的希望，在于教师良心的回归、精神家园的重建。只要有了良好的精神状态，我们就有了战胜任何困难的勇气，就有了奋然前行的动力。

8.《看透学生的心理》

学生的心理困惑从何而来？概括来说就是一"高"一"低"：高，学生是个承载社会、家长高期望值的群体，自我成才欲望非常强烈；低，其心理发展尚未成熟，缺乏社会经验，适应能力较差。正是这二者之间的矛盾造成了学生的心理问题。本书期望引导教师与青少年共同克服这一难题，去打开人生的成功局面。

9.《卓越教师》

突出骨干教师的培训，既是加强中小学教师队伍建设的当务之急，又是提高教师质量的长远之计。本书在编写上提倡以培训学科带头人为目标，以现代教育思想、现代教育技术、特级教师的学术报告及当前教育改革的热点问题为研究内容，源于实践又高于实践，可用做骨干教师的培训教材，也可用于普通教师的自我阅读与提高，以期使教师在较短的时间内达到或接近特级教师的水准，成为学科带头人。

10.《与学生打成一片》

如何做最受学生欢迎的教师，是每位教师都要思考的问题，也是每位教师都希望达到的目标。学校的课程很多，语文、数学、英语、科学、音乐、美术、体育等，每门学科都有自身的特点，每个学生都有自己的喜好，我们能真正做到让每个学生都欢迎吗？本书将教会教师怎样靠自己的才能和高尚的品德赢得学生的喜欢和尊重，让每一位教师都能成为受学生欢迎的教师。

11.《培养教师爱岗敬业精神》

本书从教师的角度出发，阐述了教师爱岗敬业所带来的深刻变化，介绍了爱岗敬业的途径和方法，从勇于负责、乐于服从、热情专注、自动自发、团结协作、勤奋努力、敢于创新、节俭高效等方面，结合大量教育实例和人生哲理，向广大教师提出了爱岗敬业的崇高理念和修炼方法，期盼每一位教师都能从中受益。

12.《教师职业道德与素质培养》

当前，各级教育行政部门和社会各界都非常关注师德建设，师德教育已经被列为教师继续教育的重要内容之一。本书以专题研究为主线，以典型的案例及案例分析为依托，从教师工作、生活实际出发设置情境、提出问题，突出师德教育的操作性和实效性。本书适应了新世纪对教师职业道德建设的需求，也适用于在校师范生及申请教师资格者学习。

13.《教师怎样提升教学质量》

每位教师的心里都有一个美好的心愿，那就是使自己的教学质量得到最大限度的提高。众所周知，教学质量是一个学校的生命线，如何提高教学质量是每一位教师时刻都要思考的一个问题。优秀的教师，会善于用智慧慢慢凿开通向教育风景的出口。

14.《教师快乐工作指导》

教师工作细致而烦琐，教师不仅要组织好各种教育教学活动，还要保证学生的身心安全。在长期的忙碌下，教师容易产生麻木、倦怠、疲劳的职业状态。为使教师消除职业倦怠，学会快乐地生活，愉快地工作，需要多渠道支持帮助教师进入积极健康的工作和生活状态，从心理、物质和精神上给予帮助和支持，让教师感受到集体的关怀和温暖。

15.《教师工作减压指导》

中小学教师劳动强度很大，长此以往，很容易使教师患上疲劳综合征，导致未老先衰，甚至英年早逝，不利于教育的可持续发展和教师队伍的稳定。中小学教师的过劳问题应当引起政府有关部门的高度重视，以人为本的科学发展观要落到实处。教师个人也要采取措施给自己"减压"，以防被疲劳综合征缠身。

16.《教师文娱活动指南》

教师可以在课外时间参与一些文娱活动，使身心从工作中彻底解脱出来，得到真正的放松。

17.《教师心理健康指南》

随着竞争愈来愈激烈，教师的工作节奏日趋加快，工作压力增大。如果不注意休息和调节，中枢神经系统持续处于紧张状态，会引起心理应激反应，久而久之会产生各种身心疾病。本书力图从教师职业发展的实际需求出发，将理论与案例分析相结合，突出专业性、应用性、操作性、可读性，可为广大中小学教师培训、自学提供借鉴，也可为高校相关专业学生的学习、研究提供参考。

18.《教师怎样进行教学改革创新》

立足素质教育，探析课堂教学的变革，反思课堂教学实践，重新审视素质教育理论，在实践和理论的互动中，探讨我国教育的现实与未来。

19.《从历代名著中学习教育思想》

选取世界知名教育家在世界教育史上具有重大影响和学习价值的教育名著，每位教育家及其著作均有作者简介、成书背景、内容精要、名著选读等内容。本书结合这些教育名家的成长经历，阐述了不同名著的理论内容和实践特色，批判地继承了中外历史上进步的教育思想，对于提高教师的教育理论素养、教学水平和创新能力具有一定的借鉴意义。

20.《向教育名家学习教育智慧》

着重介绍当代教育家的教育思想。中国是一个教育大国，理应对全人类的教育做出自己的贡献。在两千多年的历史文明进程中，中国也确实不断为世界教育的进步贡献了自己的教育思想、教育制度和教育智慧。中华人民共和国成立以来，尤其是改革开放以来，中国教育发生了深刻变化，取得了巨大成就，同时也不断涌现出新的教育思想、新的改革成就和新时代的教育家。我国一大批教育专家学者上下求索、大胆实践，为教育发展出谋划策，为教育改革殚精竭虑。他们的学术思想和教育实践直接推动了我国的教育改革与发展，并将对今后的教育实践与研究产生深刻影响。

由于时间、经验的关系，本书在编写等方面，必定存在不足和错误之处，衷心希望各界读者、一线教师及教育界人士批评指正。

编者

目　录

第一章

魏书生的教育智慧

一分钟内全班调动完座位

我从南方归来，一下火车就径直来到学校。副校长告诉我："外省、市近百位听课老师不约而同地到校了，新疆有 8 位同志等了一周不见你回来，已返回了。现在还有 80 多人在班级看你们班学生活动，你回来了，正好上课。"

第二节课，我走进教室，学生见我归来，极高兴、极活跃。"上课！"学生全体起立。"同学们好！""老师好！"

我正要讲课，下面呼啦啦动了起来，几名学生搬着桌椅，把我挤靠在一边。我刚开始还不知怎么回事，见学生搬桌椅出教室到走廊了，才恍然大悟：今天是星期一，按班规班法，每周一语文课第一个节目就是换座。我们班是以法治班，到这段时间就做这件事，老师忘了，大家忘不了。学生依法办事，用不着老师说换座还是不换座。

换座完毕，值日班长宣布："今天换座用了 55 秒，正常。"

原来换座位可没这么快。

13 年前，我们班学生的座位每个星期换一次。

靠南边的两行，16 名学生串到北面去，其余八组 64 名学生依次往南串动两行。刚开始，只是人和书包作业本等用品串动，换一次时间不长，三五分钟就完成了。

后来，按班级规定每人承包自己的桌椅，负责保管、搞卫生等，这样换座时，每个人必须连同自己的桌椅一起换。从南到北大调动，搬着桌椅，教室人又多，你挤我，我又塞住了他，显得秩序混乱，又很耽误时间。那时每星期换一次座，拖拖拉拉要 20 来分钟，大家都觉得太浪费时间了。

大家觉得这件事也该计划一下，制订一个程序，以提高效率。

经过讨论，制定了如下的程序：

第二节语文课，上课后即开始换座，由值日班长宣布换座开始。

双人桌由一人搬桌，一人搬两张椅子；单人桌则椅子放在桌子上都由自己搬。

南面两行学生最先行动。第一桌两人通过前面讲台搬桌椅出教室，到走廊外面走5米停下（倘走4米，后出来的学生挤不下；走6米则多走两步，浪费时间），第二至第八座的学生一个紧跟着一个依次而出，最后出来的第八座两名学生桌椅恰好摆在北面两行第一座的前面。

这时南面两行已成为空地，北面的学生趁空而入，集体迅速向南平移两行，平移的结果使北面两行又成为空地。

原南行现正在走廊的学生，又由第八座开始趁北行的"空"而入。

当原南行第一座的学生在北行第一座落座的时候，全班换座完毕。从开始到结束，正常情况下，55秒钟便可以了。我前些年教过一个有92名学生的班级，那时班级内还有暖炉，交通不便，即使如此，我们全班换一次座也才用了58秒。当然，学生需要一个从熟悉到熟练掌握换座程序的过程。

也有时，换完座，值日班长宣布：换座用了1分零10秒，这就要查找原因。班法规定，换座在1分钟内完成，超过10秒，便是事故。

事故原因也容易找到，有学生立即起来承担责任："是我搬桌不慎，将文具盒掉在地上，弯腰一捡散乱的文具，便阻碍了整个集体的活动，使每人为我浪费了10秒钟。"

制定具体的换座程序，不仅节省了时间，也使学生感到换座是既紧张又有趣的一件事。更重要的是，在这种紧张、有趣的做实事的过程中，既培养了学生的团结协作能力，又培养了学生的效率感。

高效学习日

我自己经常有这样的体会：某一天抓得紧，一件接一件地做事，顾不上惆怅，没时间犹豫，来不及拖拉，就这么在不停地做事中享受实干的幸福与自豪。一天下来，以写稿为例，即使在上课、接待客人之日，仍能完成一万字以上。

也有时，客观条件挺好，没客人，也没别的紧迫的任务，可早起情绪不好，便没控制住，于是自我原谅，拖拉，一天下来，连一篇千字文也没写出来。

我想，应经常对自己提出高效工作的要求，也该对学生提出高效的要求。

设立高效日便是提高效率的具体办法之一。

数年前，我在班级里提出，要试验搞一下"高效学习日"，看同学究竟能完成多少学习任务。

学生表现出极大的热情。

卢建良、王海江等一些平时极贪玩、爱说话的学生，那天学习时间抓得十分紧。卢建良任"炉长"，只在下课时匆匆地调试一下暖炉，马上又回座位上做练习。王海江一反常态，连下课时都顾不上说一句话。康景得说："我写出了一身汗。"袁中骄傲地说："我今天真创了纪录。"工青说："我的几支钢笔都写得没墨水了。"杨松抱歉地，但又不无自豪地说："我写了 36 页半是因为我的字大。"裴天江等人则说："以后咱们天天这样高效率吧！"

到了初试"高效学习日"后的开学第一天，班级规定其为"高效学习日"。在这一天当中，除上课外，大多数学生完成的作业量都在 25 页以上（每页篇幅为 16 开纸）。

"高效学习日"激发了学生的紧迫感、效率感，创造了一种竞赛的气氛，形成一个你追我赶、奋力向前的场效应，促使平时较懒惰的人也紧张起来，分秒必争，写完了、干完了，一个个眉飞色舞，洋洋得意！

卢建良完成各科练习量近 31 页。我问他：

"你今天学习用了几分劲？"

"也就 5 分吧。"

刘念东也超额了。我问他：

"你自己觉得用了几分劲？"

他想了一想说：

"有 6 分。"

他们都感到自己还有潜力可挖。确实是这样，有一个明确的任务、较高的目标在吸引，有一个相互竞赛的"场"在推动，学习效率确实可以成倍提高。

设立高效日，一般先引导学生在前一天制订计划。这一天的活动时间表与往日有何不同，各学科书面练习共完成多少页，复习和预习的任务量最好也落实，数字具体一些，执行起来可操作性就强。

高效日这天，教室内一般规定为"无声日"，即使课间也不说话，需要说话时到走廊，到操场。这样可以给人一种节奏紧张的感觉。

高效日这天，不一定每个人效率都明显高于平时。按照人体生物钟节律，有的也许恰逢这一天，赶上体力、情绪、智力三个危险日，这样他就很难把握住自己，还可能看到其他学生紧张地学，更加重了他把握不住自己的焦躁感。每逢这时，不要以为是高效日不成功，要客观、冷静地分析个别同学效率上不去的原因，帮助他排除故障。

应该说，每个人平时学习，也有低效日、高效日之分，这如同大海中的波澜，有波峰，也有波谷。这时的高效日，是自然状态的高效日，很难达到更高的高度。经过集体和个人的精心设计，高效日的目标会超过自然状态的高效日，并会不断超过，高效日的动力也会比自然状态下的动力源要广，要大。

一个一个高效日活动的开展，引导学生不断超越自我。

在开展新的高效日活动时，应引导学生再现过去效率最高之日的情景，分析一下那次高效日的情景，更多地创造高效的外部和内部条件。

外部条件：重大考试即将来临，父母施加了压力，老师下达了非常重的学习任务，整个班级你追我赶的学习气氛，到社会上参加考试失败受到了刺激，受到市场经济大潮的鼓舞，受到革命先烈与英雄人物事迹的鼓舞……

内部条件：想到自己有了好成绩才会在同学中有威信；学习好了感觉问心无愧；学习进入境界，感觉是一种享受、一种幸福；要忠实于自己的诺言、计划；要超越自己的竞争对手；要争取有远大的前途；要考取名牌大学；要成为杰出人物；要对得起父母，报答父母的养育之恩；要为祖国、为社会尽责任、尽义务；要为创造理想社会而奋斗……

制订高效日计划之前，重视以往效率最高之日的情景，更多地创造高效的外部和内部条件，就容易使新的高效日突破以往的目标。

高效日不能搞得太多，否则将违反波浪式发展的规律。人为地制造脱离规律的高潮，短时间内似乎效果不错，时间长了又需要一次大的调整。

引导学生进行自我教育

教学的日历翻到几十年前，我感到我的学们有了几点明显的变化。首先，在见闻上比以往的中学生要广博得多。学习极差的学生有时国际新闻和本地新事都比我知道得多。其次，不像过去的学生那么容易接受教育，这些小大人有了自己的见解，不容易说服了。最后，许多学生指责别人多于内省。问学习差的学生为什么差，他能很流利地说出一串原因，至于自己应负什么责任却不去想。谈到社会，他们常常也是一串串地指责、牢骚，很少想到自己的责任。他们特别渴望别人尊重自己，却不懂得尊重别人。

发生这些变化的原因是显而易见的，电视机、录音机、报纸、杂志、书籍使各种各样的信息，涌入了学生的头脑，学生的心灵便发生了前两点变化。一方面是大量的新信息涌入，另一方面不少学生自我教育的能力并没有增强，也就是说不具备筛选、处理、分析、储备这些信息的能力，以致许多学生发生第三点变化。我刚接一个初一班时，离开不长时间就会有人告状，谁和谁打起来了，谁搅得大家不能学习了……教室的北窗口成了我和学生进行监视和反监视的"前线"，只要我在那一露头，学生的反监视网便会发出"老师来了"的暗号，于是大家正襟危坐，假装学习。我感到我这种教育方式，算不上是真正的教师。真正的教师应当引导学生进行自我教育，使学生学会自我认识、自我克制。于是，我从以下四个方面入手，开始引导学生开展进行自我教育的实验。

一、认识到新我旧我之争

一次，新年前大家正忙着准备过年，班里的两个大个子打得不可开交，我拉开了他们，问道："你们过去没成见，这次偶然打起来，自己的心情也很矛盾吧？脑子里都有不想打的因素吧？"我让他们找不想打的因素。他们都挺积极地找到了。我说："这只是你们脑子里的好的那方面，是新我；你们还都有想打的一面，是旧我。新我和旧我先在脑子里打仗，旧我战胜了新我，你们俩的旧我才打起来，是不是？"他俩都笑了。我让他们把心灵中新旧两个"我"斗争的程序写出来，他们既感到了问题的严重性，又看到了自己前进的方向。我引导那些学习不好却怨天尤人的学生分析，为什么在同样环境中长大的学生有的学习不好，有的学习优秀呢？经过讨论，大家认识到，一个人要想成才，客观条件固然重要，但更重要的还在自身。许多人埋怨社会、教师，但却忽视了严格要求自己。如果每个人都善于发现自己头脑里埋藏着的"美好的、聪明的细胞"，并努力把它挖掘出来，用美战胜丑，用聪明战胜愚昧，用新我战胜旧我，那么谁都可以成为优秀的人，不然，古人为什么说"人皆可以为尧舜"？大家考重点中学落榜之后有失败的心理是事实，用不着否认它，重要的在于发现另一部分事实，谁都有过不服气、争口气的念头吧！尽管这只是一瞬间的念头，但它是新我，抓住它，它就能战胜自卑，振奋精神。

对一些重大的政治理论问题的宣传，我感觉启发学生从新我旧我之争的角度上去认识也比满堂灌式的说教要好得多。有一名学生写了一份入团申请书，别人看了说："像他那么自私的人，喊这样的口号，一定是在说假话。"我说："不一定。他完全可能有一部分新我想为共产主义奋斗终生，只是他的私心大一些罢了。我们这些人，包括我在内，不也常有私心占上风的时候？那能不能说，我在说假话呢？"大家笑了。我接着说："我们平时表的每一次决心都是真的，但从脑子里还有旧我的角度来看，也有少量假的成分。我们要削弱自己脑子中的旧我，一点点地去掉旧我，那么为共产主义奋斗终生的真的成分就会多起来。"

为了使学生认识到人人都有一个新的自我，我有意让全班最矮的女学生王惠珍练长跑，参加校 *1 500* 米长跑比赛。经过苦练，她得了全校第六名。初二时，她参加全县运动会，得了 *3 000* 米第三名。按照别人的和她自己原来的认识，长跑能坚持下来都困难，更不用说取得名次了。但当她发现新的自我，并用新我战胜怯懦的旧我时，事情就发生了令人欣喜的变化。我多次让学生写《两个自我》《脑子里的对话》《我的私心与公心的对话》等文章，使学生认识到自己是辩证的统一体。

在此基础上，我让学生写《心灵世界》《在心灵的田野上》等文章，使学生认识到自己的内心是一个丰富多彩的大千世界，是一个江河山川、花鸟草虫、社会、人生、真善美、假恶丑并存的统一体。有自我教育能力的人，善于扶植心灵真善美的思想，勤于清除假恶丑的东西，对外界的东西也有分析和筛选的能力，只让闪耀着共产主义火花的思潮流入心灵中来。经常这样引导学生分析自己，使学生渐渐发现脑子中的两个自我，当学生认识到脑子中新我旧我之争，真善美与假恶丑、公与私之争时，他就迈出了自我教育的第一步。

二、感受到新我胜利的幸福

教师让学生做任何一件事，都应该使学生觉察到心灵中有一种美感、幸福感、自豪感。这种幸福感就能成为学生继续做同类事情的动力源泉。自我教育也是这样。尽管新我旧我斗争的过程中心情不那么轻松，甚至还常常伴随着痛苦，可是，一旦新我战胜了旧我，即使最不爱动感情的人，心头也能涌起幸福的浪花，这是人的心理规律决定的。教师要善于捕捉这一浪花，及时拍摄下来，展示给学生，引导他追根溯源，知道它产生于自我教育，理解要想经常品尝到这种幸福，就必须经常进行自我教育，使新我战胜旧我。连续两年，我们班级的学生每逢星期天就到社会上做好事，并且总是受到表扬、奖励。但有一次例外了，某单位的一个司机硬说学生是玩，甚至说他们想偷东西。学生委屈极了，发誓永远不再到那个单位做好事，而且要再找那个人吵一通。他们征求我的意见，我说："有一位心理学家指出，对于别人的无理取闹、诽谤讥笑有三种态度。

1. 被他同化，和他对骂。结果你自己的心灵世界也会多云转阴，变得阴暗而沮丧。

2. 置之不理，照常做事。

3. 用广阔的胸怀、善意的态度去感化他，那你自己的心灵也会多云转晴，变得开朗乐观。"学生听了，深思着。一个星期以后，他们又去那个单位做好事，受到领导和工作人员的热烈赞扬，学生欢乐溢满心田。我说："如果你不克制旧我，去跟人家吵一通，那得到的就是愤懑、烦恼，而不是幸福了。可见，自我教育是能给人以幸福的。"

我引导学生用心灵去发现生活中的光明面。这样，学生的新我就可以战胜旧我，学生就会觉得生活是美好的、可爱的。同学之间也是这样。努力发现别人的长处，向别人学习，就会感到学习生活天高地广，到处都是学问，都是欢乐。去观察生活中的英雄模范人物，发现同学身上闪光的东西，这样便使自己有了榜样，有了激励自己前进的精神力量，于是就感觉到"心自安详气自宁"了。

学生利用牺牲休息时间给同学补习，经过努力改正了字迹潦草的毛病，滴水成冰的天气里坚持跑完了 5 000 米，寒冬腊月起早给班级调试暖炉……我都引导他们品尝这种战胜自我的欢乐。学生逐渐感到这种欢乐本身就是最高的奖赏、最大的享受、最宝贵的财富。为了获得这最宝贵的财富，学生自我教育的欲望更强烈了。

引导学生体验自我放纵，即新我失败的痛苦，也能从感情上激起自我教育的欲望。初中学生喜欢探求自我、认识自我，并经过引导能够具备一定的自我监督和约束的能力。教育实践使我体会到，对学生的大声训斥和惩罚是自我教育的大敌，学生的大脑忙着训斥和惩罚的信息，也就无暇静下心来裁判心灵中旧我和新我的论战。我对学生说："老师批评你们，老师内心深处是极其痛苦的。"但对做错事的学生怎么办呢？我规定了三种自我教育的方式：

1. 谁犯了迟到、早退之类的小错误，就给大家唱一支歌。

2. 再大一点儿的错误就自觉找一件好事去做。

3. 思想意识方面的错误，就写一份心理活动说明书，要求反映出事前、事中、事后心灵深处旧我与新我是怎样论战的。

学生很喜欢这三种自我教育的方式。既使他们体验到自我放纵的痛苦，又给他们以自我教育的机会，增强其进步的信心。有一年的9月，我刚接一个初一班才12天，就到外地开会10天，回来以后，发现新布置的学习专栏被破坏了。原来几名男学生课间兴奋之余，以学习专栏为靶子，练起了新买的小手枪，以致专栏弹痕累累。我回来以后查明了情况，这几个人很害怕，但我一句也没批评他们，而是请他们每人为集体做一件好事，然后写一份心理活动说明书。他们感到十分懊悔，有的还流下了眼泪，在说明书中表示要痛改前非。我多次指导犯错误的学生写痛定思痛的日记，并且请有的同学把"痛定思痛"写成座右铭贴在书桌上。这种做法就掀起了学生内心深处新我的浪花来，拍击他犯错误时曾痛苦过的心灵。这重新产生的隐隐约约的痛苦的回忆，能够增强他们对旧我重新萌发的警觉，自觉地割去那刚刚从心灵的田野上冒出来的错误的草芽。

乐与哀、甜与苦的感情激励着学生愉快地迈出自我教育的第二步。

三、制订扶植新我的计划

学生要进行自我教育，要做自己生命航船的主人，光有认识、光有热烈的感情还不够，必须把这认识和感情变成一点一滴的行动。而要使德、智、体、美、劳、政、语、数、理、化等诸项学习活动统一于一个科学的时间常数之内,学生就必须有制订自我教育计划的能力。我多次让学生计划自己的明天，根据不同季节制订作息时间表，体验自己生物钟的特点，制订学习计划。

我让学生写《自我教育计划》的作文,要求写清四部分: 终身德、智、体要达到什么目标，十年做完哪些事，一年怎样度过，一天的时间如何分配。当学生思考未来，确定自己的奋斗方向时，心头便充满了做自己命运主人的自豪感。我多次让学生写日记一则，月、日就是当天的，只是年代变为20年后。"当你34岁的时候，是怎样在自己的工作岗位上度过一天的。"写这样的作文。学生心驰神往，沉浸在对美好未来的憧憬之中。学生自我教育计划和个人实际、祖国需要结合得越紧密，他们自我教育的能力就越强，脑子里的新我就成长得越迅速。

初中阶段正是学生希望别人把自己看做成年人的阶段，是自尊心增强的阶段，这样由他们自己规定出的目标，比起学校老师规定的目标来，在心理上就更容易接受一些。由被动地接受老师交给的任务变为主动地实践自己的计划，就可以使学生认识到老师是援助他把生命的航船划向理想彼岸的助手，老师是他的船工。

制订扶植新我的计划，使学生在自我教育的路上又迈出了新的一步。

四、日日自新无歇时

一次新我战胜旧我是容易获得的，难的是几次、十几次、几十次。成千上万次自我战胜的点，才能连成线，构成面，组成自我教育能力的体。我反复强调抽打自己的鞭子要掌握在自己手里，在漫长的人生道路上，要经常鞭策自警，万不可以为有过一两次抽打就可以沿途平安了。"自新应似长江水，日夜奔流无歇时。"

初三下半年面临升学，时间紧迫。有学生说："社会上的好事就别做了。"更多的学生还是觉得不能中断这坚持两年的线，于是继续坚持。一次，全班学生都到电业局帮助清理仓库，他们的局长、工会主席、团委书记等领导同志亲自给学生倒水、分糖，学生感觉过意不去，也意识到自己原来中止做好事的想法是自私的。不仅做好事这一项持之以恒，其他事也引导学生务必忠实于自己制订的计划。学生计划每学期读 5 000 页的课外书，从初一坚持到初三，平均每人读完了 75 本，达 20 000 多页；计划每周到郊外野游一次，或摸鱼，或在草莽间捉迷藏，或游泳，或开荒种地，一直坚持到毕业前还一起到野外采集标本；计划每周学一次歌，一直坚持到毕业前，平均每人学唱新歌 71 首；健身长跑计划初一订了，就日复一日、月复一月、年复一年，坚持跑到毕业；我们把写日记叫做"道德长跑"一写就是四年半；数年前订的每月月末对德、智、体、美等方面 15 项数据进行统一检查的计划，一直坚持到现在；这届学生每月末必须执行自检、互检、教师抽检，每人都要写出数字具体的检查报告；数年前制订的积累各科作业的计划一直执行到现在，历届学生的练习本已积累了 26 米高；

全班积累的各种可参考数据有 *18 000* 多个。

不能奢望在学生的心田上撒几粒种子、淌几滴汗水，就能收获丰硕的自我教育的果实。只有日日夜夜、点点滴滴地坚持下去，学生自我教育的步子才会越走越稳。

我时时叮嘱自己应该用自我教育的行动去引导学生进行自我教育。数年前，我经过 *100* 多次申请才从工厂的政工组来到学校，当上了班主任。我努力忠实于自己最初的选择，用教育学、心理学的理论丰富自己，走进学生心灵世界中去探幽析微，力争做一名受学生欢迎的班主任。我让学生坚持道德长跑——写日记，我也坚持写了 *100* 多万字的日记、笔记、文稿。*4* 年来我发表的 *15* 篇论文中有 *4* 篇获得了省优秀论文证书。为了和学生打成一片，我学习有关武术、美术、音乐方面的知识，然后教学生打拳、绘画、唱歌。近几年很多市县的领导、教师到班级听课，指导我的教学，为了给学生以实事求是的教育。

毕业后，学生为了表达自己的感激之情，由班干部背着我收了 *350* 多元钱，要到外地给我买一些礼物，说是为了补偿我为他们花的 *300* 多元课外书和班级用品钱。我知道以后，对其进行了耐心劝说和坚决制止，请班干部把钱退给了学生。我感觉自己如果不这样做，不仅不利于学生进行自我教育，而且十几年后回忆起来也会惭愧和不安。我不让自己做金钱的奴隶。我感觉自己离陶行知先生"在人世间捧着一颗心来，不拿半根草去"的教诲还差得很远。

经过努力，学生具备了一些自我教育的能力。我已经送走的两个毕业班，先后受到了省、市、县、校的 *47* 次奖励，两届学生共 *139* 人加入了共青团。两届学生的升学率、达标率都为全校第一。我还在两个班开展了培养学生自我教育能力的实验。我担任班主任并教语文课的两个班，学生自我教育的积极性很高。在我到北京、沈阳、丹东等地开会期间，他们强烈要求自治。不请老师代理班主任，他们表示一定在班干部的领导下，搞好各项活动，搞好自学。我从丹东回来后，班干部已做好了运动会的各项准备。比赛结果为一班获总分第一名，七班获第三名。我从北京回来后，得知两个班的班干部组织的 *96* 人"我爱中华"大合唱获优秀节目奖，班干部组织参加的长跑比赛，七班获第一名，一班获总分亚军。边囝茹同学获全县"我爱中华"讲演比赛一等奖，李放等 4 名同学进入县长跑比赛前 10 名。当学生给我看这一张张凭他们自己的力量得来的奖状时，一张张稚气的脸上，露出了自豪的神色。

如果学生在自己生命的航船驶出学校这条大江，进入生活的广阔海洋的时候，仍然能不断增强自我教育的能力，那么，在漫长的人生道路上将会受益无穷。对人生的不同反映认识，决定着人们不同的人生观，或苦闷，或彷徨，或开朗，或旷达。人具有了自我教育的能力，就有了自我调整的能力，使思想荧光屏的图像趋于清晰、真切。把世间万物都放在应有的位置上，就能使自己始终站在人民的立场上去迎接困难，永远带着开朗乐观的情绪奔向明天，把最大的精力献给人民和祖国。

劳动不吃大锅饭

不仅常规性事务要订计划，非常规性的任务一旦出现，我们班级也努力在事前订计划、订程序，以提高效率。

有一年春天，为提前做好防洪排涝的准备，市里动员全市城乡人民大修水利。

我们学校也领了任务，我请政教处同志按年组、班级分配任务。

我们班级领的任务是往 20 米高的大坝上运 10 立方米土。劳动前，我同学生商量，是制订具体的程序计划，还是大家一齐干。学生都认为大家一起干是吃大锅饭，任务不明确，程序不清楚，容易窝工，应该事先制订较周密的计划。于是我请学生计算出了 10 立方米土，压得再实，最多也就是 13.5 吨。我们班 72 名学生，留出 12 人挖土装土，其余 60 人平均每人运 500 斤土就一定能超额完成任务。

每个人的任务量明确了，那运土的学生用什么工具最好呢？

有学生提出用土车，有的提用土筐，有的说用编织袋，有的提出用盆。讨论之后，大家觉得，土车上高坡，占路宽，效率低；用土筐挑不动，得抬；用编织袋，装卸都不方便，感觉最方便的还是盆。

工具确定了，每个人的任务量确定了，还应确定一下完成任务的时间，这才有利于大家开展竞赛，调动大家的劳动积极性。学生又开始计算，坝顶到坝底，平均长度20米，坝底以南30米外才可取土，这样单程便是50米，往返一次100米。每人500斤任务，平均每盆至少可装10斤土，则每人需往返50次，共5 000米路程。需多长时间？有学生想到平时越野长跑，每次跑5 000米快的不到20分钟，慢的30分钟也跑完了。便说，30分钟便能完成任务。有学生说："那可不行，运土不同于跑步，端着盆负担重，跑不快；上坡陡，跑不快，再加上还得有等待装土的时间呢。我看一小时能完成任务就不错了。"大家最终确定时间为一小时。

由于我们制订计划耽误了一点儿时间，到工地时，别的单位都干上了，和我们班相邻的学校已干了一大段。工地上红旗招展，人来车往，宣传车播放着人们的决心书……我们班学生一到，立即引起了工地上人们的注意：我们的衣服特殊，72名学生全穿清一色的蓝运动服；我们的工具特殊，60名学生端着60个盆；我们的干法特殊，不两人抬筐，也不几个人推车，更不搞多人传送带，而是单干；我们的效率特殊，每个人都加快速度，力争尽快完成自己的定额。

从大坝上远远望去，一股蓝色的人流，急匆匆地上下流动着，工地指挥组被吸引来了，他们采访大家为何干劲这么足，大家急匆匆地喘着气，回答三五句，就又忙着奔自己的目标去了。50分钟后，工地指挥组的同志量了量我们新筑起的那段大坝，说："坝角那儿再加点儿就达到要求了。"大家更来劲了，坝角迅速长到了标准尺寸。5分钟后，工地广播车便传出了捷报："报告大家一个好消息，经工地指挥组检查认定，实验中学一年级七班的任务段已达到合格标准。他们全班同学不吃大锅饭，落实承包任务，争先恐后，你追我赶，力争在最短的时间内完成每人500斤土的运输任务。从进入工地到胜利报捷，只用了55分钟时间！"相同量的任务，有的班级一天还没有干完。

完成任务后，我们全班学生又适量地支援了外班、外校学生。然后，全班学生在工地开了一个小联欢会，到郊外去游玩。中午在田野里野餐时，大家感慨地说："如果我们事先不订计划，也吃大锅饭，分工不明确，任务不具体，工具不科学，互相牵扯，窝工阻塞，不仅效率低，而且心理上消耗还大。这样大家干就像个干的样子，省下时间痛痛快快地玩有多好。"

绿草地上，学生朝广阔的地平线跑去。

又过了不久，市湖心公园搞建设，团市委组织各校去栽树。校团委书记来问我："咱们全校什么时候去？"我问："为什么全校去？""人家都是全校去，任务多，人少了完不成，另外人多显得声势大。""多少任务？""每校要栽 4 000 棵树。""多高的树？让挖多大的坑？""一般不到两米高，挖多深的坑没说。""两米高的树，挖一尺见方的坑就够了，栽完以后还不用学校浇水，由园林处统一浇。这样的树，一个人半天就能栽八九十棵，别去那么多人了吧！""那显得多没声势。""我们把实事做了，要声势有什么用？声势挺大，实事干得很少，反而不利于教育学生。""去多少人呢？""一个班就可以了，我们班去吧。"

这时，我们班已达到 82 人，一听说劳动都提了精神。

我说："咱们还像修大坝一样，提前制订一下计划。"

学生问："多少任务？"

"栽 4 000 棵树。"

"那么平均每人 50 棵。"

"男子汉呢？该不该多栽点？"

"该！男学生每人栽 60 棵，女学生 40 棵。"男学生喊着，女学生不服气，不愿少栽。

我说："分任务时先这样分，女学生若嫌少干得快，你们干完了来支援男学生不一样吗？"

"大家去了以后先挖坑，每个组的组长负责先检查坑够不够尺寸，合格了，再往里栽树。栽树的程序知道吗？"我问。

"知道，根须分开，埋土，一踩二提三浇水。"

"水不用大家浇，园林处统一浇，咱们一定注意坑要挖得够大，埋土的时候根须散开，埋一层，踩一层，用力适当。咱们听说过盖房子是百年大计，咱们栽的树，立在那也是十几年不动，甚至活上百年。咱们把树一行行地编好号，谁栽的几号树，共多少棵，半年、一年、几年以后，咱们来看成活率。"

学生下午两点钟兴致勃勃地来到工地，迅速分好了自己承包的60棵树或40棵树的位置，热火朝天地展开了竞赛。湖心公园岸边，空气本来很凉爽，但有几名学生汗水已浸透了衣衫。力气大的学生不到两小时已栽完了60棵树，大家互相支援，两个半小时，任务全部完成。园林处负责验收的同志来检查，横看竖看，行距、棵距均匀、整齐，每棵树都又正又直。往上拽一拽，不动；往侧面扳一扳，不歪。负责同志跟我说："你们学校干得最快，栽得最整齐、最结实。"

大家听了，互相传递着这喜人的检查结果。有学生说："他们如果知道完成这么多任务只来了我们一个班级，就更满意了。"

今年暑假前，我们全班领取了往学校小花园内运土的任务。大家问怎么干，我向大家介绍了以前几届学生劳动不吃"大锅饭"的做法。大家纷纷提出具体的建议，谁挖土，谁运土，每个组应怎样分配挖土、运土的位置。事先规定每人定额50盆。极有力气的张军同学非要突破定额，他找了一副担子，一人顶两人，完成了90盆。赵伟同学也不甘示弱，他个子高，力气大，将两个盆摞在一起，最多时竟3个盆摞在一起，端起来跑。一边跑，别人还替他数着："赵伟，这趟已经115盆了！"由于目标明确，数量清楚，能力差的也不甘心完不成任务，能力强的，超额完成了任务。

平时班级劳动，包括大扫除，我都努力做到计划明确、分工具体、数量清楚、质量可比。

一定要让学生从小学会在劳动前制订计划、明确责任、落实数量、提高效率。

犯错误，写说明书

学生免不了要犯错误，犯了错误，当然要想办法帮学生纠正，我常用的一种纠正方法是请学生写说明书。

刚教书的时候，我曾让学生写过检讨书。我看到的检讨书往往千篇一律，"我犯了一个大错误……给别人、给集体造成了不好的影响……我大错特错……请老师原谅……今后一定下决心改正……决心做到以下几点"。

我觉得这样写不能触及内心深处，不容易找到纠正错误的有效方法。于是提出写心理活动说明书。

要求在说明书中使用心理描写的表达方法，描绘出心理活动的 3 张照片，每张照片上都有两种思想在争论。第一张照片，犯错误前，两种思想怎么争论；第二张照片，犯错误时，两种思想怎样交战；第三张照片，犯错误之后，两种思想作何感想。

这个要求是我数年前提出来的，那时的说明书写得最规范。

我们班自习课不允许说话，有名后转到班级的学生，遇到不会的问题，总是不由自主地询问周围的同学。班长走到他面前，也不说话，只是伸出 5 个指头示意，他一看便明白了，意思是 500 字的说明书。

不长时间，这位学生又不由自主地在自习课上问别人英语题，结果被班长发现，5 指一伸，又是 500 字。

这样写过几次之后，他改正了这一缺点。

后来，这位学生升了大学，来看我，说："老师，幸亏我总写说明书，不仅改正了自习爱说话的缺点，还提高了作文水平。"

冯松同学理解力强，思路敏捷，空间想象力强，数学和物理成绩非常好但他不愿背文科的知识点，也不愿写日记，作文水平一般，语文成绩不高。后来他考上国家重点大学，他的父亲几次见面，都跟我说："冯松幸亏总写说明书，作文水平提高了，在高考语文中取得了优异的成绩，他总说，写说明书真有好处，能治懒病，还能提高作文水平。"

写说明书一定要深入自己的内心深处，观察自我、分析自我，发现两个不同的自我。

写说明书不一定非要说自己有错误，如果认为自己做得有理、做得正确，那就完全可以向自己的内心深处寻找辩护律师，说明自己这样做的根据和对己对人的益处。

有一年，我到北京丰台区去讲学，会后，教育局丁局长问我："你说说明书和检讨书有什么不一样？"我想了想说："真说不太好有什么不一样，让我再想想。"

丁局长说："你的学生回答得非常好，去年我们去你们班级时，活动课看到一名学生正写说明书。我问他怎么了，他说自习课说话了，再问他说明书和检讨书有什么不一样。"

"那他一定回答不上来。"我说。

丁局长说："不，你的这名学生回答得非常好。他说他是从外地转来的，过去淘气了要写检讨书，那时越写越恨老师；现在写说明书，越写越恨自己，感觉就有这么点儿不一样。"

听了丁局长的话，周围的老师都笑起来，我也没想到一名淘气的学生能有这么深刻的体会。

要注意的是，再好的方法，使用不当，也会失去效力，甚至产生副作用。这如同针灸的银针，扎当扎之时，扎当扎之处，它便有神奇的效果，大病也能治愈。倘若一个外行，不懂针灸技术，效果一般不会太好，还可能产生副作用。

有时学生犯了该写说明书的错误，我没让写说明书，对他自己、对全班的教育效果反倒更好。

有一天第一节数学课快下课了，外面电闪雷鸣，风雨交加，风雨中一个学生在操场上穿过，不一会儿，我们班门外有人喊："报告！"

进来的学生满头满脸都是水，裤子湿透了，上衣由于穿着半截身的雨衣，干一块儿湿一块儿的。他叫王小平，家不在城里，特意投奔我们班而来，离学校10多公里。这段路，大部分都是坝埂，路面非常窄，天一下雨，一步一滑，自行车不能骑了。

这么大的风雨，10多公里路，少说要走两个半小时，现在是8点15分，那他是不到6点便冲出家门的。

我没有让他写说明书，全班学生向他投去的也不是责备而是佩服的目光，尽管按照班规班法，迟到这么长时间该写说明书。但没有人想到这一点，没有人觉得不让他写说明书便是执法不严。我望着他，责问着自己，我这当老师的，该怎样努力工作，才对得起辛辛苦苦、顶风冒雨投奔我们而来的学生呢？

也有时候，学生不该写说明书却写了说明书。

一年年末，一个奇冷的日子，路上的行人裹紧了大衣，围巾和棉帽子把头包得严严的，有的还戴上了口罩，只露出两只眼睛。口罩的边缘结了霜和冰凌。

我跑步来到学校，太早了，教室门还没开。我开了门，教室里并没有多少暖气。我搓一搓冻僵的手，便劈柴，砸煤块，准备生炉子，正准备着，炉长陈东兴到校了。他说什么也不让我干，硬把我推到一边。他用冻得通红的手收拾炉子，添煤添柴，一会炉火着了。我望着他那熟练的动作和任劳任怨的表情，心里充满了敬意。多不容易呀！整整一个冬天，他天天都要冒着严寒起早，来到寒冷的教室，把炉子点燃，通红的炉火烤得屋里有了暖气时，其他学生才陆续来到班级学习。大家生活在温暖的环境里，很难想到炉长天不亮就奔向学校，在寒冷中劈柴弄煤的辛劳。我以前没体验到，也没引导学生从这个角度去体验。炉长也没想过让大家体会他的辛苦，他干惯了，他把这一切当作理所当然的事情，多好的学生啊！

炉子生得旺了，学生来上自习了，我也开始看书。过了不久，炉长走到我身边。红着脸说："老师，给您。"

"给我什么？"

"说明书。"

"谁的说明书？"

"我的。"

"你犯错误了吗？你犯什么错误了？"

"您看看就明白了。"他走了。

我打开说明书。字迹写得工工整整，原来他为今天自己迟到而让老师劈柴感到自责，字里行间充满了对自己责备的感情和对老师深深的歉意，并表示决不能有第二次这样的事发生。

其实，在这件事上，炉长一点儿过失都没有，不是他迟到了，而是我比往常去得早了许多，应该自责的不是炉长而是我。往常炉长一个人受罪，我非但没陪过，甚至连想都没想过。

我反复读了几遍这份说明书，然后恭恭敬敬、一字不落地把这份说明书抄在自己的笔记本上，把它变成自己的动力。陈东兴那任劳任怨的品质，那强烈的责任感，那只知改变自己不去埋怨环境、埋怨别人的品质，长时间给我以鼓舞和激励。

这样自觉写的说明书我还收到过许多份。也有时，如同大雨天迟到一样，学生在特殊情况下犯了错误，我说可以不写说明书了，可是学生还非要自觉地写。不少学生写道："情况特殊，老师说可以不写，但我觉得如果自己勤奋的思想再强一些，完全可以避免错误。我觉得只有写了这份说明书，勤奋的思想才能扬眉吐气，自我原谅的心理才能受到抑制，心理才能平衡。"

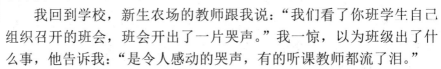

一人为全班，全班为一人

一年秋季，校内来了 100 多位教师听课，我因忙于校外的事，教师便跟学生一起活动，看学生怎样自觉管理班级。

我回到学校，新生农场的教师跟我说："我们看了你班学生自己组织召开的班会，班会开出了一片哭声。"我一惊，以为班级出了什么事，他告诉我："是令人感动的哭声，有的听课教师都流了泪。"

后来，我才知道了为什么班会开出了哭声。

赵广民同学是班级里的体育委员，心地非常善良，谁有什么困难他都愿意帮助。为使班级开好运动会，他东奔西走，借来了标枪、铁饼、跳高架、助跑器等训练器材。有的器材借不到又急需，他就用自己的钱买。大家在他的带领下刻苦训练，最终班级获运动会总分第一名，长跑、跳绳比赛达标率都是第一名。

为班级办日报专栏并不是他的事，他也抢着帮忙，买纸张、文具，经常偷偷用自己的钱。有的学生病了，他买了药给人家。班级中哪位学生有了困难，便想到找赵广民，赵广民成了大家最信任的人。

赵广民把一颗心、许多钱献给了班级、献给了他人，其实他家不仅不富裕，而且要比一般同学困难得多。细心的学生发现，冬天到了，寒风阵阵，赵广民却穿着单薄的衣服；别人穿棉鞋，他却穿着破旧的球鞋。于是大家自发地收了钱，买了鞋和用具等，非要送给他。

赵广民自尊心强，自己关怀别人可以，若别人帮助自己，就觉得难以接受，于是他便跟收钱、买东西的学生吵了起来，各说各的理，

20

互不相让，只好找到班长来调解。班长一听双方都有理，做不了主，便提出在班级最高权力机构——全体同学大会上裁决，时间定在星期二的班会。

星期二到了，班级 18 米长的大教室后面挤满了听课的教师。学生代表问班长："来了这么多老师，咱们的班会还开不开了？"班长说："老师不是总强调以法治班吗？按照班规班法，今天该开班会，怎么好改变呢？照开不误。"

下午自习课，听课的教师看学生怎样自习。第二节班会，听课的教师更多了，都想要看一看学生自己怎样组织班会。

班会的议题是：班级该不该关心一心为班级的人。赵广民抢先发言："我从心里感到关心同学是一种责任，做了这些事，我已经获得了幸福。如果大家反过来补偿我，我感到不好，感到心里不是滋味，感到问心有愧，反正我说不太清楚，觉得如果收了大家的东西我很难过。"

一位接一位的学生上台发言，讲的都是赵广民舍己为人的事迹。例如：他不惜牺牲自己宝贵的学习时间，为同学家里做事，领同学去看病；他省下钱来帮助别人；等等。

赵小波同学是个细心的人，她讲道："赵广民把这么多时间、财物、感情给了别人、给了班级，可大家注意过没有，他自己没有一个像样的书包，没有一支好的钢笔，他从来没买过零食。有一次中午修理桌椅，回家吃饭来不及了，他跑到校外，转了一圈，回来说买面包吃了，实际上，当时有人跟着他，他根本就没舍得买。冬天这么冷，上操的时候，他站在前面指挥，穿得比谁都单薄，大家有毛衣毛裤，他没有，他的鞋比谁的都破旧，他冻得浑身发抖，还在那儿硬挺着。赵广民你说你接受大家的帮助心里不安、心里难受，那么我们看着一个为大家满腔热情办事的人，这么苦、这么累，生活这么困难，我们心里能安吗？我们心里就不难受吗？……"

赵小波说着，眼里已难过得滚下泪来，几位爱动感情的学生也跟着哭，哭出了声，感染了更多的人，甚至感染了听课的老师，有的也跟着流泪。

这次班会辩论的题目，最后得出了怎样的答案，究竟哪一方胜利了，当时我忘了问。直到今天也不知道那些东西、那些钱究竟是给了赵广民，还是退给了大家，或是算作了班级积蓄。我觉得开这样的班会，会使学生在心灵深处受到真善美的感染。通过这样的班会，学生加深了相互之间的理解和尊重，感受到了关心别人和被人关心的幸福和自豪。

这些年来，我向一届又一届的学生反复强调："人人为我，我为人人""一人为大家，大家为一人""一人为全班，全班为一人"。大家这样想、这样做，与他人、与集体的关系就融洽和谐，个人也会感觉心情舒畅，充满上进的力量。

鼓励学生自荐

面对现代社会，人们应该有勇气向社会推荐自己，有勇气向别人、向集体介绍自己的特长，以使自己的特长及时被他人、被集体、被社会发现，及时服务于社会。

1987 年国庆节快到了，按照惯例，我们学校又要搞一次大合唱比赛。节前校园里歌声回荡，各班都在紧张地练唱歌咏比赛的歌曲。

我的两个班级深知大合唱比赛中指挥的作用，早早选出各自的指挥：三年级一班是孙亚玲，三年级八班是周继明。两班同学雄心勃勃，都想在全校大赛中夺魁。

一天早自习，王贻爽同学走到我面前："老师，请您看看我的日记。看前天、昨天的两篇。"我明白，她一定是有什么心里话要告诉我，或有什么困难需要我帮忙了。

几年来，我的工作一直极忙，一般的小事学生不忍打扰我，有了较大的事，想说，又怕我没时间，便用这种形式和我沟通。有什么心里话、有什么困难写在日记上，交给我，告诉我是哪一篇，我忙，就先把日记拿在手里，有余暇便拿出来看。

恰逢这段时间我没事，接过日记本说："好，我马上看。"

前天的那一篇是写她自去年班上大合唱以来，就认为指挥很重要，去年大家本来唱得挺好，如果指挥再出色些，一定能得第一名，于是自己便产生了当指挥的愿望，并在家里偷偷看这方面的书，边看边练了一年多。今年又要歌咏比赛了，可选举指挥那天，没人知道她在家练习指挥的事，更没人知道她有想当指挥的想法，便没人推荐她，老师也没让大家推荐她，她失掉了一个施展才能为集体争光的机会，感到十分失望。

昨天的日记，写她这两天思想斗争激烈，感到自己的指挥水平肯定高于孙亚玲，应当由自己担任指挥，可是又怕别人不理解，说自己出风头。两种思想矛盾着、斗争着，谁也没能战胜谁，不愿放弃这次机会，又没有自荐的勇气。

看了这两篇日记，我很受感动。王贻爽同学把她的日记给我看，这说明她自荐的勇气还是占了上风，这样的胆量在我们的青少年时期是难能可贵的。我很赞赏她热爱集体、关心集体、乐于为集体争光的精神。

第二天，语文课前几分钟的练唱中，我提议请王贻爽同学上讲台担任指挥。王贻爽当然明白这是老师在全班同学面前考核自己，便大大方方地上了讲台。她面带微笑，眼观全场，轻轻地领唱一句，然后双臂一举，又猛地向下一滑，用一条优美的弧线牵出了整齐、嘹亮的歌声。她的手势实在娴熟、优雅，她的表情、动作，她的全部感情都和《黄河颂》的旋律紧紧地统一在一起，使我也不知不觉地跟着她的指挥唱了起来。全班学生的情绪被激发起来，越唱越雄壮有力。说心里话，这是自1981年林华同学毕业以后，我发现本校最好的指挥。她的水平明显地超过孙亚玲。我高兴地说：

"大家看看，这次合唱指挥是不是换王贻爽更合适？"

我满以为大家会热烈鼓掌通过我的提议，不料大家你望我，我望你，都不吱声。我有些奇怪，以为自己的评价标准和大家不一致，便问：

"是王贻爽不如孙亚玲，老师看错了？"

"不是。"大家齐说。

"啊！那么我明白了，大家是怕孙亚玲丢面子。另外，看到孙亚玲这几天辛辛苦苦地训练，把她换下来，大家感觉于心不忍，是不是？"

大家都笑了，我也笑了。

我说："大家这种心情可以理解，但我们毕业以后要面对一个全新的现代社会，优胜劣汰是现代社会一个最基本的原则。理解这一原则，便能顺应世界发展潮流，发现自己的长处，发扬自己的长处，向社会自荐自己的长处。此外，也无需掩饰自己的短处，无需把比自己更强的人压在自己下面。接受一个比自己更有能力的人，让位于一个比自己更有能力的人，是古人的胸怀，更是现代人应具有的气概，于己、于人、于集体、于社会、于事业都有利，是这样吧？"

大家说："是！"性格开朗的孙亚玲马上表示，愿意愉快地退出指挥的位置。"这样王贻爽同学才能发挥自己的才能，班集体才能够取胜，学校的指挥水平才能提高一步。人生之路极宽，最窄的人生之路其实是拼命挡住比自己强的人的路。

我说："大家要学习孙亚玲同学的胸怀，也要学习王贻爽同学自荐的勇气。在现代社会，这一勇气尤为重要，自荐不单是为了施展自己的才能，更重要的是有利于促进人的进步、事业的发展、国家的繁荣。"

发展后进生智力的几点做法

1978 年我从工厂来到盘山县第三中学做语文教师，并光荣地当上了班主任。这一年正赶上办重点中学，我们三中是普通中学，学苗经重点中学按 25% 的比例选拔后，剩下的绝大部分都是后进生了。

学生在重点中学落榜后，自尊心受到挫伤，不少人丧失了学习的信心。他们说："大学招生才占每届学生总数的 2%，重点中学的学生也有一些不能升学的，我们学习还有什么用处。"我问学生："再过二十年，你们多大年龄？"回答是三十四五岁。我说："三十四五岁正是壮年，那时你们正在工农兵的岗位上，用现代化的工具建设着自己的祖国。虽然你们不能升学，但你们一定会成为祖国建设的主力军，因为你们占了同龄人的 *98%*。从某种意义上说，不能升大学的人数越多，提高这部分学生素质的任务就越重要。"学生热烈地争论着，逐渐认识到自己肩负的责任，产生了要提高自己素质的愿望。

要提高后进生的素质从哪里做起呢？在对后进生学习情况的调查中，我发现后进生的形成有一个发展过程，其原因是多方面的：知识缺漏、性格软弱、学习欲望不强、智力和自学能力有待提高等。这些环节中，哪些是主要的呢？我认为智力是主要环节。我调查过 *35* 名初一后进生，发现他们观察力不强，他们看到花草树木也很喜欢，觉得美。但让他们说美在什么地方时，大部分只会写"枝叶茂盛"等抽象的话。搞背诵新课文比赛，*5* 分钟里优等生能记住 *168* 字，中等生记住 *102* 字，后进生才记住 *49* 字。默读比赛，优等生能在 *5* 分钟内读完 *5 320* 个字，后进生仅能读完 *1 190* 个字。优等生读完小说能较正确地分析人物的思想性格，而后进生只能做出"好人坏人"的鉴别。这些现状说明学习同等数量的知识，后进生要比优等生多付出两倍、三倍甚至更多的时间。如果只给后进生在知识上查缺补漏，他们是难以摆脱落后状态的。只有注重发展后进生的智力，才能提高他们的学习效率，才能逐步缩小他们与优等生之间的差距。

怎样发展后进生智力呢？*5* 年来我始终注意做以下 *5* 个方面的工作。

一、增强信心

我教的一个初一班级，优等生语文成绩是 *89* 分，而 *15* 名后进生都不足 *40* 分。我找这些学生了解为什么同样在小学学了 *5* 年，成绩却相差 *50* 分呢？他们大部分都认为自己脑子笨。再问为什么笨，他们说生来就笨。他们对学习丧失信心，是由于对自己工作效率很低的脑子丧失了信心。

这使我认识到，教师有提高后进生素质的热情和信心还不够，还应用自己的热情和信心去激起学生的热情和信心。于是我从 *1979* 年起就选了一些有关智力的知识短文让学生学。暗示教学法主张使学生在不知不觉中受到教育，有它的科学性，但对后进生而言，我觉得设计教学法的一些原则更适用些。智力是一个众说纷纭的概念。通过学习，他们认识到：智力主要由观察力、思维力、记忆力、想像力组成。我告诉学生，据研究部门调查，超常儿童仅为百分之二左右，智力缺陷儿童仅为千分之三。大部分学生先天差异不相上下，之所以后来有较大差异，是由于后进生缺乏定向、规则、紧张的智力活动。只要加强训练，后进生就能够赶上来。我让学生搜集达尔文、爱迪生等小时候智力并不高而后来成为杰出人物的故事。学生把搜集到的课外读物拿到故事会上来交流，后进生受到了鼓舞，增强了发展智力的信心。

二、掌握方法

怎样才能发展观察、思维、记忆、想象的能力呢？这是后进生在有了发展智力的欲望之后，开始注意的一个问题。我注意到后进生的特点，把心理学上提到的一些比较简单、容易掌握的方法介绍给他们。

1. 观察力。告诉学生把观察对象从背景中分离出来，用比较的方法抓住特点，用各种感觉器官去认识同一事物，并结合自身实际进行训练。例如，后进生描写人物外貌基本都是"浓眉大眼"。针对这个问题，我找了5名眉毛浓淡不一、眼睛大小各异的学生，请他们到前面，让全班学生观察他们眉眼各自的特点，然后写短文《五双眼睛》。学生不善于用触觉去察觉事物，我就领全班学生到小河里摸鱼，回来后写作文《摸鱼》，重点要写好手在水中摸到鱼时的细致感觉。为了培养学生的观察兴趣，我领着学生在郊外开荒种地，各小组分别种了20多种作物，每个星期我们都去观察一次农作物的生长情况。全班学生几十次到双台河边观察花草树木的异同，一起坐在操场上观察月全食的全过程。后进生对参加这样的活动很感兴趣，较快地学会了观察的方法。

2. 思维力。我结合议论文教学，教给学生简单的归纳、演绎、类比等推理方法。利用课内阅读和课外阅读，训练后进生分析、综合的能力。例如，理解每篇课文从字词句段到归纳中心，总结写作特点，就是一个分析、综合、再分析的过程，学生自己学着做就是在训练思维能力。我还在星期四开辟一节智力竞赛的时间，把国内外智力竞赛的试题拿到班级让学生抢答。为了取胜，学生从各地新华书店买了十几种智力竞赛的书籍来读，增强了思维能力。我还确定了定向、自学、讨论、答疑、自测、自结的六步课堂教学方法，使后进生都有目看、耳听、口说、手写的机会，使学生用眼、耳、口、手等器官，促进大脑思维能力的发展。我让学生从初中一年级起就多写议论文，给学生讲辨析词义的7种方法。每学期的期中期末每个学生都要出一组语文、数学、英语试题等的做法，这激发了学生思维的积极性，使后进生初步掌握了思维的方法。

3. 记忆力。后进生爱死记硬背，不过记忆力并不好。我所调查的102名后进生和优等生学生相比，记忆的敏捷性、持久性、准确性都有很大的差距。我看到有个后进生写护村堰的"堰"字，写了20多遍。我给他合上本，问他"堰"字怎么写，他不会。更遗憾的是让他背着写一遍，他怎么也写不对。所有的后进生都为自己记不住知识而苦恼。他们或者以为记忆力是与生俱来的，或者以为记忆力像存在脑子里的人民币一样，不能轻易用，怕用光了急需时就没有了。针对这种思想，我告诉学生加强机械识记和意义识记的20多种方法，如艾宾浩斯遗忘率曲线、复习的最佳密度、记忆的最佳时间、联系记忆法、归类记忆法等。我经常当堂试验各种记忆方法，后进生根据自己的实际，选取不同的方法背《马说》《社戏》等课文，然后评论各种方法的利弊。我还向学生介绍了记忆力体操的做法。坚持做一个月的记忆力体操，后进生都轻松地背诵完了全学期要求背诵的课文，他们内心充满了自豪感。他们讨论增强记忆力的兴趣越来越高，人人写谈记忆力的文章，他们已经写到《四谈记忆力》了。

4. 想象力。我告诉后进生无意想象和有意想象的区别，讲再造想象、创造想象和幻想的方法。为了使后进生更密切地配合老师完成教学任务，我经常让他们想，假如自己将来当了教师，将要怎样上课，怎样教育学生爱集体，怎样纠正学生注意力不集中的毛病。我要求学生以自己做了老师的第一人称写《我怎样上数学课》《一堂试卷总结课》《他热爱集体了》《他注意力集中了》等作文。学生爱写，既密切了师生关系，又锻炼了想象力。我让学生把《大自然的语言》改写成童话，把《中国石拱桥》改写成《石拱桥的自述》，写《地球的自述》《三十年后的班会》《宇宙人会议》《站在月球上想到的》等作文。后进生想象的积极性非常高，有的后进生写《飞碟发射之前》这篇文章，一口气写了 3 000 多字。这样就较快地增强了后进生有意想象的能力。

三、定向活动

后进生大脑智力活动差，并非没有智力活动，而是缺少具备一定指向能力的活动。他们每天的活动大多是不定向的活动，盲目性较大，结果发展缓慢。要发展后进生智力，必须使他们的活动具备较强的指向能力。

指向什么？离开教学去谈发展后进生的智力显然是荒唐的。各学科的具体内容是什么？这在后进生的头脑中是很不清晰的。我从 1979 年起开始训练后进生系统归纳知识的能力。我要学生把学过的各科知识分别用"树"的形式表示出来。我经常要求后进生填写"学习病历"，包括疾病名称（如三角形中位线和中线不清症、兼语式和联动式易混病等）、病史、病因、诊治方法、疗程计划等。这样用来训练智力的知识阶梯看得见、摸得着、攀得上，后进生盲目的智力活动变为定向活动了。

四、规则活动

后进生智力活动的弱点是不规则。首先，时间观念淡薄，不能把训练内容和时间紧密联系起来。其次，大脑各部位活动时间经常比例失调。有时已超过记忆区域负荷的时间度，还在拼命地记忆，结果使大脑处于消极的抑制状态。发展后进生智力，就必须教会他们制订科学的训练计划。

　　我首先教会后进生把训练内容和时间联系起来，规定了他们经过半年训练后要达到的一般效率标准：每分钟默写 *30* 字，写 *25* 字，背诵课文 *20* 字，速读 *1 000* 字，写作文每小时 *800* 字。程度不同的后进生还可根据自己的具体情况进行增减，但一经制定必须执行。一项训练不进行则已，只要进行，就必须按照时间规定去完成。紧张有助于思维，只有提高智力活动的紧张程度，才能高效率地发展学生的观察、记忆、思维、想象能力。

　　其次，我教后进生把诸科训练内容统一于一个时间常数之中。我让学生体验自身生物钟的特点，然后帮助他们制订出每天、每周、每月、每年的德、智、体、美、劳的综合练习计划。计划要求时间具体、内容具体、数字具体、方法具体。人是一个有机的整体，发展智力的途径越开阔，智力的发展也就越快。只有在各科教学和各项教育活动中都注意智力的培养，学生的智力才能得到充分的发展。我觉得作为班主任，不应该怕学生参加各种活动影响学习，而应该帮助学生统筹设计各科活动的计划和时间。我帮助后进生制定了包括长跑、游戏、郊游、音乐、美术、课外阅读在内的时间表，并努力在这些活动中进行听说读写训练，帮助他们增强各种能力。计划要周密。就是节日放假 *3* 天，我也要求学生制订 *3* 天活动计划。这样就纠正了后进生易于顾此失彼的弱点，使他们忙而不乱。

五、惯性活动

　　后进生智力活动的另一个弱点是一推一动，每动必推，不推不动。后进生作业本往往第一页比第十页工整得多，数量依月递减，不能像优等生那样有良好的智力活动习惯。要发展后进生智力，必须使他们的智力活动成为惯性活动。

　　为使后进生养成习惯，我要求每项计划，不订则已，订了就要坚决执行。小到每一页练习，大到每一项社会活动，都力求形成制度，形成习惯。久而久之，各项智力训练计划就变成了后进生习惯性的活动。学生养成了良好的习惯，做起事来就不再拖拉，也不感到疲乏了。

经过几年的努力，后进生掌握了发展智力的方法，学会了做定向、规则、惯性的智力活动。他们变得喜欢讨论智力问题了。每人都写了《归纳和演绎》《再谈想象力》《四谈记忆力》《大脑的最佳状态》等几十篇讨论智力的文章。这使他们的智力结构、性格特征都发生了变化。

这些变化使他们初步摆脱了学习困难的状态。1979 年 3 月，我接班时班级县统考语文成绩平均仅锣分，有 8 名学生不到 40 分，最少的 24 分。到初三毕业考试，全班平均 78 分，升学考试比重点中学平均高 7.8 分。8 名后进生都达到了高中、职业高中录取分数线。那名初一时语文 24 分的学生，升学考试也取得了 72.5 分的好成绩，升入了高中。升学考试全县 43 所中学超过 300 分的考生共 72 名，我们一个班就占了 19 名。我任教的第二届毕业生去年毕业，全县 43 所中学超过 500 分的考生共 41 名，我们一个班占了 9 名。就是这届学生，毕业前的 6 个月中，我有 62 天离校开会，没有请老师代课，全凭学生在班干部指导下按照以往的计划自学语文，虽然也有 6 名后进生，但升学考试平均成绩仍达到 76 分，为全县第一，升学率 100%。

学会使用边角余料

朔风怒号，大雪漫天。气温骤降，还没到取暖期，锅炉没烧，教室里冷，外面更冷。

放学了，学生出了教室，一路小跑着回家，以产生一点儿热量。教室外，刘文强同学穿得很单薄，冻得打颤，却还在门口站着不走，我问："这么冷，还不快走！"

"老师，屋里还有几名同学没走。"

"等他们干什么？"

"老师您忘了，我是负责检查路上一个单词活动的。"

原来如此。十几年来，我一直引导学生学会使用零碎时间，我们管这叫边角余料。北方有不少家庭主妇，把做衣服剩的一小块一小块布积攒在一起，然后拼缝成很漂亮的椅垫、被面。工厂里积攒边角余料做成批工业品的例子就更多了。

一般说来，会利用边角余料的人更珍惜成料、整料。

我想零碎时间也像边角余料一样，应学会利用它，应使学生通过利用时间的边角余料，培养学生的惜时观念。

一个珍惜整料、成料的人，不一定珍惜边角余料；一个珍惜边角余料的人，一定更珍惜整料、成料。

一个善于利用时间的边角余料的学生，一定是珍惜大段时间的学生。

1984 年的一天下午，最后一节自习课，体育委员徐建峰领着全班学生做完了仰卧起坐和俯卧撑，一看表，今天做得快些，离放学还有 3 分钟时间，他立即下令："快回自己位置，抓紧学习 3 分钟。"

原班学生懂得要善于利用边角余料，立即进入学习状态。

新转来的李爱军同学坐在那里，书包早已收拾好了，眼巴巴地等着放学。

我问："你怎么不学习呀？"

"时间太短了，学不了什么，这么点儿时间扔掉不算什么。"

我开玩笑似的摸他的衣袋，从里面摸出几分钱硬币，说："这么点儿钱，扔掉算了，也不能买衣服穿！"

"老师别扔，不能买衣服，还能买纽扣呢！大钱买大东西，小钱买小东西。"

我说："这就对了。小钱你知道不扔掉，留着买点儿小东西，可比金子还宝贵的光阴，你为什么扔掉呢？难道不可以用同样的观念去对待吗？大段时间做大事情，几分钟便用来做小事情。"他点头称是，逐渐学会了利用零碎时间。

那时，我们班里有两名淘气的学生，一放学，就在大街上嘻嘻哈哈，和我校或原来的学生打打闹闹。他们手上拿个树枝，或拿个苇棍，或拿个小土块、小石头什么的，你碰我一下，我碰你一下。

　　我想，他们也实在没事可干，手抓惯了东西，若空着手，真也发痒。一天放学，我请这两名学生留下，说："咱们搞个实验，从今天起你们放学晚走 3 分钟，等那些和你们闹的同学过去了，你们再走。走的时候，别空着手，你们不是背英语单词费劲吗？那就给自己订个计划。从学校走到你们家用多长时间？""10 分钟。""那好，10 分钟，不要多背，就背一个英语单词，回来的路上再背一个，可以吧？""10 分钟背一个，一定能背会。""那好，每天上学往返 4 趟，就是 4 个单词，一年下来就是 1 000 多个。不要说一天 4 个，就是一天两个，一学年也有 600 多个，现行教材，你学起来就一点儿都不难了。"

　　放学，他们俩每人手里拿着一本书。目标明确：英语单词。数量清楚：一个。于是他们信心百倍。一旦有信心，并真心干实事，便会出现意想不到的结果，他们很快就背会了。他们还嫌 10 分钟背一个单词少了，于是给自己增加了任务，边走路边背，实在想不起来了，就看扫一眼，还互相提问。他们手里拿着书，便忘记了拿小棍、土块什么的，显得比过去文明多了。

　　学习好的学生一看，也着急起来，他们平时那么淘气，现在都珍惜时间，连走在路上都知道学习，自己怎能白白扔掉这宝贵的一段光阴呢？于是纷纷效仿。放学时，大家都拿着一本书，有的看英语，有的背文言文，有的背定理公式。

　　走路的学生背，骑车的学生也着急起来："他们白捡了那么多时间，我们岂不是吃亏了。"有的便买了自行车用的小铁筐，安在车前面，把书打开，一边骑车，一边看书。我发现了，立即严肃地进行制止："这可不是开玩笑，骑自行车必须注意交通安全，注意力不集中，容易发生事故，决不许此类事再发生。"并命令学生拆掉了车前面的小筐。

　　后来，我同一届又一届的学生讨论路上一个单词活动的利与弊，大家都觉得利大于弊，便一届又一届地坚持下来。

　　刚开始，有的学生不习惯，容易忘记，大家便选举一名学生承包这件事，每天放学时站靠教室门口，负责提醒大家，不要赤手空拳地走在路上，要拿一本书，要做一点实事。刘文强同学就是本届负责承包路上一个单词活动的，他要等中午回家吃饭的学生都走了，才能离开教室门口。

有学生问我："老师，您猜我的政治成绩为什么提高这么快？"我才注意到这位去年政治考试总不及格的学生，最近两个月测验，政治成绩总在 80 分以上。我说："你是加强预习了？""不是。""上课注意听讲了？""也不是。""认真完成作业了？""还不是。"

"我只不过把路上一个单词的时间用在了背政治上。从家到学校，1 公里路，要走 10 分钟多一点儿，每天两个来回，便是 40 分钟，每趟背两个概念或一道大题根本不费劲。政治课一个星期才两节，若每天用 40 分钟去背政治题，保证一点不费劲地把学过的政治题背得滚瓜烂熟。这样一来，我由不喜欢政治变成了喜欢政治。而且我发现，我属于那种运动记忆型的人，边走动边背诵，记忆效果特好。"

"以前老师强调过，路上背东西不要贪多，不要背大题，背大题边走边看书，眼睛容易近视，你怎么不听呢？"

"我并没有边走边看，一道大题看一遍，了解大概意思，便开始背，背到实在想不出来的地方再看一眼，这样过一段时间，看一眼的看书方法，更有利于记忆。过去我背书，眼睛盯着书，反复看，心不知跑到哪去了，反倒背不下来。现在带着问题速读，虽然看书时间很短，效果却非常好，实际是减少了眼睛的劳动时间。"

我并没制止这位学生的做法，她的政治及文科成绩确实直线上升，而且视力并没有变坏。但我也没推广这位学生的做法。

我仍要求学生在开展路上一个单词活动时，目标要单一，每次只选一科，任务数量一定要少。倘若背英语，只记一个单词；倘若背数学，只记一个公式；倘若背语文，只记一首短诗……不许背大题，更不许盯着书一路走一路看。否则，那就不是利用边角余料，而是成了练近视眼了。

目标单一，避免犹豫；数量少，避免畏难。谁都能做到，事便落到了实处，做起来就有了兴趣，有的学生背多了，也不必制止。提高成绩是小事，最重要的是，这样做，日久天长，学生便养成了珍惜零碎时间的习惯。

糖衣药片和顺耳忠言

张一楠同学头脑聪明，兴趣广泛，贪玩好动，为了到我这班，临时决定从小学五年级跳级到中学。

他父亲是市交警队一把手，对自己、对队里的同志要求都非常严格，敏于事而慎于言，威信非常高。他总想像要求自己一样要求刚满 12 岁的孩子：要他胸怀开阔，要他刻苦学习，要他持重老成，要他理想远大……

张队长讲："我总觉得孩子不像我们小时候那样懂事，那样肯吃苦，回家我就批评他，批评多了，他还不服气。我看他不服气，就把他多年来犯的错误都提起来，一件一件地数，想堵住他的口，让他服气，但效果也不好。口头上他不反驳了，但心里没接受我的批评。魏老师，你说他，他听，说一次，好长时间他都受鼓舞，你得多批评他。"

"我批评多了，他也不听。"

我对自己的孩子，也有过类似的批评，看到他贪玩、不写日记时便数落，话说得过重，孩子不愿意听，表现出不满，我感到自己的尊严受到了侵犯，便想维护，于是批评得越厉害。为了使孩子失去防守能力，我便找他的弱点，把他过去的错误重提一遍，孩子虽然无话可说了，心里却没增大战胜错误的能力，倒是自尊心受到了伤害。

我们在工作中，有时遇到极忙的时候，心情不好，便会急躁，看到学生犯错误，就容易狠狠地将其批评一顿。一旦批评不符合实际，学生不服气，就常常为了维护自己的虚荣心，数落起学生过去的缺点来。这样做的结果是，师生双方都很累，谁都不愉快。学生没想出克服缺点的办法，教师也没提高教育学生的能力。

今晚，张队长又来校，同我谈教育孩子的问题。我说："设身处地想一想，如果我犯了一点儿过失，领导批评我时，便将我过去的失误一件件地都数出来，批评一通，我心里一定不服气，不仅不会下决心改正错误，还可能一气之下，不干教书这一行了。辛辛苦苦没人说，偶有过失，便不依不饶，我想孩子们没有我们成熟，就更会产生逆反心理。"

"良药苦口利于病，忠言逆耳利于行。"这句话告诉我们，要站在理智的角度，站在较高层次思考良药与忠言。事实上，人们达到这一境界不容易，这要求被批评者具有高水平、高觉悟。

就批评者而言，不能让自己的良药越苦口越好，忠言越逆耳越好，而应该想方设法使良药不苦口甚至甜口，让忠言不逆耳甚至顺耳。

制药厂早已把许多良药制成了糖衣片，许多过去极苦的、难吃的中药也加上了蜂蜜和香料。人们越来越欢迎甜口的良药，那么我们教育子女、教育学生还停留在忠言逆耳的观念上，就落伍了，就不受欢迎了。

近两年，我力求在批评学生的同时表扬学生，在指出他的一点不足时指出他和这一点不足相对立的长处。这样做不是怕学生不高兴，怕学生不接受批评，而是觉得这样才符合学生的实际。

学生的错误，从其自觉和不自觉的角度来分析有两类。第一类是不自觉犯的错误，第二类是自觉但又不能自制的错误。学生绝大部分错误属于第一类：不知不觉迟到了，不知不觉弄坏了公物，不知不觉触犯了校规班法……这时他已懊悔、难过，需要的是想出不重蹈覆辙的办法。这时，指出他的长处，如注意听课、遵守时间、爱护公物、遵守校规班法等，用平时这些长处去战胜偶发的短处，容易取胜。那些因坏人引诱或不良环境的诱惑而犯的错误，就更需要帮他找到心灵中真善美的一面了。归根结底，我们要靠这部分好思想去改变学生。不肯定、不表扬这部分思想，只是批评一通，不是把学生往错路上推吗？话又回到对张一楠同学的教育上来。我说话，或批评他，他都能听，是因为我在批评他时，总肯定他的成绩，说如果你用七分成绩去战胜、去征服、去排挤三分缺点，一定能取得更大的进步。

张队长也说："孩子每天五点半就起床，为了投奔魏老师，每天来回有 40 里路，下了车还要走 20 分钟，可他每天还信心百倍，不怕苦、不怕累，细想起来，这精神确实可嘉。"

我说："你还得看到，他是跳级生，每天许多时间都浪费在路上，可他在全年级 441 名学生中，最近八科统考，排到了第 77 名，这显然是极不容易的。那 360 多名在他后面的学生大部分也非常用功、非常刻苦，可为什么追不上他？当然他头脑聪明是一个原因，另一个原因，他也确实用功了。你批评他的时候，只说他的短处，不肯定他的长处，他当然容易不服气。"

我建议，是对张队长，也是对全体家长，同时也包括我自己，批评孩子时，想一想糖衣良药，想一想让自己的忠言顺耳，想一想在指出他的一点不足之前，能不能先指出他的一点长处。

第二章

李镇西的教育智慧

开学之前的一封信

　　我刚参加工作那几年，学校还没有"择校生"之说，招生工作比较单纯，一般暑假里就可以确定新班学生的名单。于是，我给学生的"见面礼"往往是一封信，并设法在开学前寄到每一位新生手中。我的目的在于唤起学生对新老师、新集体的憧憬与渴望。这是新集体诞生不可缺少的前奏和序曲。

　　下面是我写给 *1987* 级 *1* 班新生的信——

　　亲爱的同学：你好！

　　首先，我热诚祝贺你被录取到郭老母校——乐山一中学习！

　　虽然还没有开学，可你现在一定渴望到一个新的集体吧？同学，你从《中国青年报》《北京音乐报》《乐山报》上看到过"未来班"的事迹吗？你听说过"未来班"还有自己的班歌、班旗吗？我想，你如果了解到"未来班"是一个温暖的大家庭后，一定也想生活在这样的一个班集体中，是吧？告诉你，当你接到这封信时，你就已经是"未来班"的第二批成员了。"未来班"的班歌将由你继续唱下去，"未来班"的班旗将由你继续扛下去，新的"未来班"将会因为有了你而更加温暖！作为班主任和你的新朋友，我真诚地祝贺你！

　　当你第一天到学校报到时，你一定还是一个系着红领巾的孩子，等到三年毕业后你告别母校时，也许你将是一个戴着团徽的小青年了。在这初中三年里，紧张繁忙的课内学习、丰富多彩的课外活动、同学之间的纯洁友谊、师生之间的真挚情感……将伴随你告别绚丽迷人的童年，度过灿烂多彩的少年，步入辉煌壮美的青年。三年以后，你不仅掌握了老师所传授的各门课本知识，而且还会掌握获取知识的能力和自学的方法，并初步具备创造性的才干；你将不仅具有中学生起码的遵守纪律、尊敬老师、团结同学等良好品德，还将对我们可爱的祖国，对我们的现代化建设事业产生一种强烈的创造欲望和高度的责任感。看，迎接你的，将是多么充实而富有魅力的生活啊！

但是，在憧憬美好未来的同时，还应该清醒地看到，现行的教育制度和教学方法还严重阻碍着你们真正成为 21 世纪的主人，我们必须尽快进行教育改革。在三年的学习生活中，我们将在教学内容、教学方法等方面进行一些新的探索，以让你们适应祖国现代化建设的需要。不过，教育改革不仅仅是老师的事，也是你们的事，需要你们和你们的爸爸妈妈的配合与支持（包括善意中肯的批评和建设性的意见）。我相信，你一定愿意在这三年的学习中和老师密切配合，取得教学改革的成功，是吗？

在新学期开学前，请允许我对你提几点要求：

1.请想一想，你有什么特长或能力？在到新集体的第一周内，你想为大家做一件什么好事？

2.请准备一套运动服（男生蓝色，女生红色），便于班上搞活动时服装统一。

3.请买一只口琴，我们班将建立"口琴乐团"。

4.报名时交班费一元。

亲爱的同学，我和你现在都还不认识。读到这封信，你一定在心里猜测：这位班主任老师是男的，还是女的？是年老的，还是年轻的？……就像我急于想了解你一样。别急，快开学了，以后我们会朝夕相处，结下深厚情谊的，让我们在报到那一天相见吧！

祝你

学习进步！

你的好朋友　李镇西

1984 年 8 月 25 日

我们可以想象，一群本来就对中学生活怀着憧憬之情的学生，读完这封信后，会在心中升起怎样急切的盼望。盼望早一天开学，好到学校认识这位真诚而有趣的大朋友和充满魅力的班集体。更重要的是，通过这封信，不但开始与学生建立起一种感情联系，而且开始引导他们思考:"我"应该怎样为建设新的班集体贡献力量?

后来的事实,证明了我这封信的作用的确是明显的,在开学之初的几天里,不少学生都不把自己当做"新生",而是以主人的身份为班级效力,使新班一开始就呈现出一种集体主义的蓬勃生机。直到现在,已经成家立业的当年的学生来看我时,他们对初中生活的美好回忆,往往是从收到那封信的惊喜开始的。

用"法治"取代"人治"

1999年3月26日至4月10日,我到华东出差。整整半个月,我班班风依然良好,秩序井然。学生自己管理自己,班级各项工作和活动照常开展。其间,我班还参加了学校的广播操比赛,获初中部第一名、学校二等奖。

其实,这样的情况,在我和我班学生看来实在太平常不过了,我每次外出都是这样的?因此,一些老师夸我班的学生乖,我说:"这一切都是制度决定的。"

所谓"制度",就是我班的"班规"。

由于种种或偶然或必然的原因,当初分班时,我班调皮学生的人数是全年级之冠,但是现在,无论是自习还是午休,无论是做卫生还是做课间操,无论是升旗仪式还是校外活动,这些调皮学生基本上也能遵规守纪,与集体意志保持协调。所以,现在这个班的日常工作基本上不需要我操心,一切都交给"制度"。

朋友们常常说我这个班主任当得"很潇洒"。应该说,如果仅就管理而言,我的班主任工作目前是比较轻松的。甚至可以这样说,有了"制度",我这个班主任似乎都是多余的了。

其实不然,我现在除了备课、上课,还要找学生谈心,而社会工作又这么多,常常出差、开会,还有不少阅读和写作任务,如果不是"制度",我纵使有三头六臂,也是无法承受这些"重负"的。

很多同行说我有办法，其实我的办法就是四个字——民主治班。

但是，十几年前，我却不是如此"潇洒"。同现在相当一部分班主任一样，从早到晚，我几乎将班级所有大小事务包揽无遗。从抓早读迟到者到观察是否每一个学生都戴了校徽，从与学生一起搞扫除到陪着学生上每一节自习课，从收电影票费到拎着缺一条腿的课桌四处找木工师傅……什么事情都"亲自抓"，自己当然很累，但内心深处也不无自豪：苦虽苦，但我班的班风总算是一流的，我也总算对得起自己的学生啊！——的确，无论是"未来班"还是后来的班级，都获得了包括"市级优秀班集体"称号在内的各种荣誉。

但有时学生却不"理解"我。记得在 1985 年，我班一个叫彭艳阳的女生曾对我说："我们班好是好，可这一切都是您一个人在支撑着啊！"

学生的反馈，使我开始反思我的班级管理模式。通过学习和思考，我逐渐认识到，我过去的班级管理模式实际上是"人治"。不只是我，长期以来，中学的班级管理模式也基本上都是这种靠班主任"一元化领导"的"人治"。这种管理方式不仅落后低效，而且往往会产生一些教育负效应。

于是，从 1987 年 9 月开始，我尝试着推行一种崭新的班级民主管理模式："法治"管理。

必须声明的是，这里的"人治""法治"只是为了便于说明两种不同的班级管理思想而采取的一种类比说法，而非真正意义上的"人治""法治"，因为对于一个班级来说无所谓"立法"，而且班级与国家毕竟也是不可同日而语的。

我之所以提出班级"法治"，最初是受陶行知先生"学生自治"思想的启发。

在读《陶行知教育文集》时，我对他的写于 1919 年"五四"时期的《学生自治问题之研究》一文特别感兴趣。他写道："这篇所讨论的学生自治，有三个要点：第一，学生指全校的同学，有团体的意思；第二，自治指自己管理自己，有自己立法执法习法的意思；第三，学生自治与别的自治稍有不同，因为学生还在求学时代，就有一种练习自治的意思。把这三点结合起来，我们就可以下一个定义："学生自治是学生团结起来，大家学习自己管理自己的手续。"陶行知先生还具体谈到学生自治的四点好处："第一，学生自治可以为修身伦理的实验。……在自治上，他们可以养成几种主要习惯：对于公共幸福，可以养成主动的兴味；对于公共事业，可以养成担负的能力；对于公共是非，可以养成明了的判断。……第二，学生自治能适应学生之需要。我们办学的人所定的规则，所办的事体，不免有与学生隔膜的。有的时候，我们为学生做的事体越多，越是害学生。因为为人，随便怎样精细周密总不如人之自为。……这就是说，有的时候学生自己共同所立的法，比学校所立的更加近情，更加易行，而这种法律的力量，也更加深入人心。大凡专制国家的人民，平日不晓得法律是什么，只到了犯法之后，才明白有所谓法律。那么，法律的力量，大都发现于犯法之后，这是很有限的。至于自己共同所立之法就不然，从始到终，心目中都有它在，平日一举一动，都为大家自立的法律所影响。所以自己所立之法，大于他人所立之法，大家共同所立之法的力量，大于一人独断的法。第三，学生自治能辅助风纪之进步。……按照旧的方法，学生有过失，都责成少数教职员监察纠正，其弊端有两种：第一种是少数教职员在的时候，就规规矩矩，不在的时候，就肆行无忌；第二种是学生以为既有教职员负责，我们何必多事，纵然看见同学为非，也只好严守中立。……我们要想大家守法，就须使各人的行为，对于大家负责。换句话说，就是要共同自治。第四，学生自治能促进学生经验之发展。……我们德育上的发展，全靠遇到困难问题的时候，有自己解决的机会。所以遇到一个问题，自己能够想法解决它，就长进了一层判断的经验。问题自决得越多，则经验越丰富。若是别人代我解决问题，纵然暂时结束，经验却也被旁人拿去了。所以在保育主义之下，只能产生缺乏经验的学生；若想经验丰富，必须自负解决问题的责任。

　　我这里之所以大段大段地引用陶行知先生的原话，一方面固然是因为他对"学生自治"的论述实在是太精辟、太精彩，同时也因为他的这些观点至今仍有着强烈的现实意义。

当然，我们不能脱离时代简单地套用陶行知先生的观点，而应结合我们今天的教育实际予以创造性的运用。正是出于这样的思考，我提出了以"法"治班的思想。我是这样想的——传统教育学在班级管理中更多地强调班主任的个人权威，其合理性至今不可否认，任何一个集体都离不开一定的权威，而教师在班集体中的主导作用更是必不可少的。近年来，越来越多的教育者呼唤培养学生的自我教育能力，这也颇有见地，因为从某种意义上说，管理只是手段，教育才是目的，而"真正的教育是自我教育"（苏霍姆林斯基），离开了学生的自我教育，真正的班集体是很难形成的。由此可见，对于一个优秀的班集体来说，教师的个人权威与学生的自我教育都是不可缺少的。二者不应该互相分离，而必须有机地融合为一个统一体，这个统一体便是"班规"。教师的个人权威，通过"班规"便不再仅仅是教师的气质、才华等个性对学生的吸引，而已转化成集体的意志；学生的自我教育，通过"班规"也不再仅仅是学生要求上进的自觉性，而已转化成参与班级管理的义务和权利。这样通过一定的"制度"（"班规"），班集体所有成员都成了管理者，又都同时是被管理者，班级管理便由"人治"走向了"法治"。

而且，班级"法治"管理的意义不仅仅是治理班级本身，从我们长远的教育目的来看，它是让学生通过这种形式受到真正的民主启蒙教育。正如陶行知在《创造的儿童教育》中所说："在民主生活中学民主。专制生活中可以培养奴才和奴隶，但不能培养人民做主人。民主生活并非杂乱得没有纪律，人民只可以在民主的自觉纪律中学习做主人翁。"

我的"法治"管理，正是让学生"在民主生活中学民主"。

第一天的"见面礼"

从20世纪80年代末直到现在，学校入学的新生名单往往要等到开学之后才能最后定下来，因此我的"一封致新同学的信"就没法寄出了。

于是，我就精心设计与学生第一次见面时的"见面礼"。

这是石室中学2000级3班开学报名的第一天。

上午九点，学生走进新教室，他们看到了黑板上的一句话："让人们因我的存在而感到幸福！"

我说："这是李老师送给你们的第一句话。大家能不能想一想并讨论讨论这句话的含义呢？"

大家七嘴八舌，有的说："这句话是教育我们要多做好事。"有的说："这句话告诉我们要做一个对祖国有贡献的人。"还有的说："这句话的意思就是要多为别人着想。"……

我肯定学生的理解都是对的，但也指出他们的理解还不具体："大家还应结合我们的班集体来理解这句话的含义。"

学生开始静静地思考，但是，没有人发言。

因为对这些十一二岁的孩子来说，除了概念式地谈谈"为人民服务"，是很难把这些人生格言理解透彻的。

但作为班主任，我应该也必须让学生明白"让人们因我的存在而感到幸福"绝非一句格言，也不是高不可攀的人生境界，而是每一个普通人都能做到的平凡行为。

我对大家说："20世纪的中国，因为毛泽东的存在而赢得了真正的独立；21世纪的中国，因为邓小平的存在，而必将迎来自己高度繁荣、高度民主、高度文明的现代化前景；兰考人民，因为焦裕禄的存在而幸福；阿里人民，因为孔繁森的存在而幸福；雨夜回家的一位大嫂，因为遇上了雷锋而感到幸福；公共汽车上的乘客，因为有李素丽这样的售票员而感到幸福……"

我又说："幸福不仅仅是一种美好的物质生活，更是一种愉悦的精神体验。而且，这种愉悦的精神体验有时仅来自一声普通的问候或一个细小的行为。比如，刚才我进教室时，有几名我还叫不出名字的学生向我问好，我从这几名学生的问候声中，感到了一种温暖，也可以说感到了一种幸福。对于同学们来说，做一个"让人们因我的存在而感到幸福"的人，更多的时候往往只需举手之劳。公共汽车上，你为一位老人让座，这位老人就会因为你而感到生活在这样一个文明的社会环境中是一种幸福；在街头，你热情耐心地回答一位外地人的问路，他就会因你而感到能够得到一位素不相识的人的真诚帮助是一种幸福；在教室楼道，你主动上前帮老师抱作业本，老师会因为有你这样的学生感到幸福；有同学病了，你哪怕是送上一句亲切的问候，他也会感到有你这样的同学是一种幸福；在宿舍的楼道里，你为正在吃力上楼的大妈提一提菜篮子，她会为有你这样一位好邻居而幸福；骑车过马路，你宁肯停在烈日下等候绿灯，也不愿擅自闯红灯，那警察叔叔会因为有你这样遵守交通规则的好市民而感到幸福……"

我把话题引向新的班集体："这个班不仅仅是一个教学单位，而且是一个大家庭，每名学生都应尽量做到使自己的同学、使整个集体因为有了自己而感到温暖。要使集体有了荣誉后大家都能激动地说'这都是因为我班有×××！'"

我的一番话，不一定让每一名学生都能深刻理解，但我从他们专注聆听的神态中，感到他们至少都在思考对新集体的责任。

接下来，我又让每一名学生拿出一张纸："现在，请每人给李老师写一封短信，写三个方面的内容：①你小学时遇到的最好的老师是谁？他（她）最突出的优点是什么？你希望李老师向他（她）学习什么？②你希望以后我们的班级是什么样的集体？为达到这个目标，你有什么好的建议吗？③你愿意担任班干部吗？你有何特长或爱好？你可以在哪些方面为集体出力？"我的用意是要让每名学生明白：这个班不仅仅是李老师的，更是"我"的，"我"有责任为它奉献力量。学生在调查表上认真地谈看法、谈建议。给我写短信的过程，就是集体责任感在学生头脑中初步形成的过程。这为我进一步管理、建设好班集体奠定了良好的思想基础。

学校广播通知领新教材了，本来我可以指定几名学生去领。我却要求愿意为集体出力的学生主动举手。当时，只有一部分学生举手，但这已经够了——当这几名学生汗流满面地抱着各科教材回到教室时，我说："大家看，我们这个集体因为有了他们不是充满了温暖吗？"

这天放学，需要打扫教室卫生，我同样有意问全班学生："谁愿意为新集体第一次扫地呀？"这次几乎全班学生都举起了手臂，宛如一面面集体主义的旗帜！

我情不自禁地总结道："我给你们的一句话，是我送给大家的见面礼；你们给我写的短信，是大家送给李老师的见面礼；而今天许多同学主动为集体第一次尽力，这是大家自己送给自己的见面礼！"

最后，我和几位最先举手的学生一起把教室打扫得干干净净。

不少学生在当天的随笔中感叹："我为我的新班有这么多热爱集体的同学而自豪！""我庆幸我被分到了一个充满温暖的集体！""我们班一定会成为最棒的班集体！"

掌声中的舆论转化

集体主义教育的艺术之一，在于教师善于把自己对某一学生的褒贬巧妙地转化为集体对该学生的正确评价。要做到这点并不难，而且方法也很多，集体掌声的运用是其中之一。

一次上公开课，按惯例，我应该依学号顺序抽一名学生起来进行课前"一分钟讲演"。直到上课铃响起时，我还在犹豫：今天的公开课是否取消这个"节目"？因为这天的讲演正轮到魏霞，而她是一个说话不太流利的胆小的女同学。

但是，不容我多想，当师生互相问好以后我正准备直接讲课时，魏霞同学竟然举起手并用哆嗦的声音说："李……老师，今天……该我……讲演……"我只好让她走上讲台发表演说，内容是报告当天的新闻。她的声音依旧不太流利，但比平时要稍微大声一些，而且看得出来，她事前是做了相当认真的准备的。仅凭这一点，我就应该鼓励她，而且相信她会受到鼓舞的。

正当我准备热情洋溢地表扬她一番时，我脑子里突然转了一个弯：何不把我个人对她的表扬变成全班学生对她的赞赏呢？于是，我有意问全班学生："比起过去，魏霞同学的进步大不大啊？"

"大！"大家一致说道。

"好！那就让我们以热烈的掌声对魏霞的进步表示祝贺！"教室里响起了一片掌声。

来自同学的鼓励无疑让魏霞振奋，从这以后她课堂主动发言的次数越来越多了。

一天，生病两个月的王伟回到了我们的班集体。

本来，这不过是一件很普通的事，但由于王伟并不是一个普通同学，至少在我看来，他的痊愈返班就有了一种不那么普通的意义了。王伟是个留级生，一向很自卑。所以，这次他病了以后，我利用这一集体主义教育的"良机"，发动全班学生对他进行慰问，让他切实感受到了班级（而不仅仅是我一个人）对他的关心。

现在，他又回到班上来了，我连忙对大家说："大家一直惦记的王伟同学终于又回到了我们的集体，这真是一件值得庆祝的事！"大家听了我的暗示，立即对王伟报以热烈的掌声。

就这么几秒钟的时间，王伟却获得了巨大的精神享受。回到班上的当天，他主动承担了教室扫除的任务。

后来在一次家访中，他的母亲对我说："那天王伟回来特别兴奋，说他刚走进教室，大家就用掌声欢迎他。他说他一定要用行动报答大家！"

还有一次班务课，我正在给学生读小说，刚参加完入团宣誓的喻建中、黄勇戴着团徽从教室后门悄悄地进来了，这次我没做任何启发和暗示，全班学生都不约而同地冲着他俩报以长时间的鼓掌，以示真诚的祝贺。

这么几次看起来很简单的鼓掌，却使魏霞、王伟、喻建中、黄勇实实在在地感受到了集体的温暖。这不只是李老师一个人的鼓励，而是全班学生的鼓励!

把教师的权威融入集体的权威

"班规"正式实施不久的 *1987* 年 *11* 月 *29* 日,学生为参加学校"一二·九"歌咏比赛在礼堂排练。

大家正兴致勃勃地练着,可担任领唱的罗晓宇同学不知何故不愿领唱了。我先是反复耐心地给她做工作,学生也帮着劝说,可她仍然不愿领唱。这可把我急坏了,想到离比赛只有几天了,现在换人肯定是来不及的。最后我吼了她一句,罗晓宇虽然满脸不高兴,但总算唱了起来……

排练结束后,我把罗晓宇留下来谈心。她说她刚才不想唱是因为排练前与一位同学闹了别扭,情绪不好。我教育她要以集体利益为重,同时又真诚地向她道歉:"刚才我实在是太急了,冲着你发那么大的火。真对不起,请原谅李老师!"

她也真诚地说:"不,还是怪我当时使性子……"

我想,这件事也就算解决了。

谁料到,第二天早自习我走进教室,见黑板上赫然一行大字:"李老师昨日发火,罚扫教室一天!"我心里一惊:这些学生还真够认真也真够大胆的!转而又是一喜:学生勇于向老师挑战的精神难能可贵,实在不应挫伤。再说,"班规"刚刚实施,对班主任从严、从重要求必将提高"班规"的权威性——这实际上也是班主任真正的权威之所在。

不过,我得再"考验考验"学生依照"班规"惩罚老师的勇气究竟有多大。于是我半开玩笑、半认真地同他们说道:"李老师当然不敢不依'法'办事。但请问,李老师这个月发了几次火呀?"

学生想了想说:"一次……"

"对嘛。班规上的规定是'发火超过一次',可我并未'超过一次'

呀！"然后我有些得意地说："今天是 *11 月 30 日*，我只要今天不对大家发火，嘿嘿，我这个月就不会'超标'！"

大家哑口无言，可能是觉得我言之有理吧，便不再与我争辩。

可是，李崇洪同学站了起来，他左手拿着"班规"，右手指着上面的条文大声说："李老师说得不对！您发火是没超过一次，但您昨天用不文明的语言侮辱了罗晓宇，这可应该受罚啊！"

他这一说，大家便嚷了起来："就是嘛！该罚！该罚！"

于是，我做出一副无可奈何的样子，笑着对大家说："好，好！我认罚。看来，面对'班规'，我想赖账也是不行的！今天放学后，由我扫教室，而且保证教室清洁分数达到 *10* 分，否则重扫！"

当天下午放学时，我正在市里开会，但我仍然提前匆匆赶回学校。当我走进教室时，看见宁玮、赵琼等几个住校女生正准备打扫教室。我赶紧冲过去夺下她们手中的扫把："你们不能扫！今天该我一个人扫！"

她们却死死地捂住扫把不放。赵琼说："李老师，您真的要一个人扫？"

我说："不是我要一个人扫，而是'班规'的规定啊！"

"哎呀，您太认真了！"宁玮说，"那这样吧，李老师，我们和您一起扫，好不好？"

"不行！"我强行把她们赶出教室，把门关上，一个人在教室里干得满头大汗。

第二天一早，我又早早走进教室，做早扫除。

当时的情景真是别有趣味：教室里灯光明亮，学生书声琅琅，教室外，大雾弥漫，我在窗台上一丝不苟地擦拭着玻璃窗。学生不时抬起头，向我投来敬佩的目光。

那天早晨第一节课下课后，学生纷纷到"学校清洁卫生评比栏"看我班的教室卫生评分，结果当天的分数是满分——*10* 分！

这下在全班引起了强烈反响："李老师太好了！""我读小学到现在，从来没见过老师一个人扫教室！""李老师真高尚！"

我却感到深深的遗憾：学生对我的行动赞口不绝，这说明在大多数学生的头脑里，我并不是依"法"受惩，反而是"放下架子"平易近人因而令人崇敬的"英雄"。如果学生真是这样的认识，那么，我的教育只能说是失败的！

在下午的班会课上，我真诚而严肃地对全班学生说："纪律面前，人人平等。既然学生违纪都应该受罚，为什么老师可以例外？这与'高尚'丝毫不沾边！如果你们认为学生违纪受罚是理所当然，而老师违纪受罚就是'高尚'，那么，你们就仍然没有树立'纪律面前，师生平等'的民主观念！"

在这次班会课以后的两年多的时间里，我又因各种"犯规"而五次被罚，我很少再听到有人说我"高尚"，大家都觉得很正常、很自然。

有了集体权威，我似乎放弃了班主任的"个人权威"。我追求着一个目标，即把教师个人的权威融入学生集体的权威，其意义已不仅仅是体现出教师个人的教育艺术与管理水平，更重要的是，要使我们的教育真正充满社会主义的平等意识与民主精神。

在冉·阿让的感召下

我为学生读《悲惨世界》已经一个多星期了。

每天中午吃了午饭，学生匆匆赶到学校，坐在教室里听我的"小说连播"——这一个小时，对学生来说简直是充满魅力的时刻。

学生自从认识冉·阿让、芳汀、珂赛特以来，就对他们的命运寄予了深切的关注和真诚的同情。特别是对冉·阿让，大家更是充满敬意。

这天，我读到已经更名为马德兰并当上市长的冉·阿让，突然得知一个和他长得特别像的穷苦人，正被当做"冉·阿让"押送法庭审判——

马德兰苦思焦虑了两夜。

这样的想法萦绕在他的脑际：

无辜的人代我受过，将要被人当作罪人判刑。我不能置之不顾。

时而又出现了这样的想法：

那个人成为罪人，跟我没关系。而且，那个人进了监狱，沙威就不会再盯着我了，所以我就会得救。我作为市长，有尽力为众人谋幸福的义务。

最后他这样想：

可是，我连一个被冤枉的老人都不能解救，怎么还能够为众人尽力呢？

这个时候，他的脑海浮现出他出面自报冉·阿让这个姓名后的一副惨相。自己本是市长，受到人们的尊敬，从此却要拖着沉重的脚镣，遭到看守的呵斥，在监狱里度过今后的生涯。何况如今已到了这把年纪。

这时候，米里哀主教的身姿浮现在他眼前。主教似乎在说：

冉·阿让啊，不要做违背良心的事啊！

对，我要尽一个人的义务！

……

读到这里，我停顿了一下。教室里此刻气氛凝重，学生和我一样，都被冉·阿让高尚的人格深深地感动了。

像每次读到激动人心之处，我都要情不自禁评论几句，看到学生一双双晶莹的眼睛，我感叹道："什么叫灵魂的搏斗？冉·阿让一夜的苦思焦虑就是高尚的冉·阿让和卑下的冉·阿让进行的搏斗。最终，高尚的冉·阿让获得了人格的胜利，他获胜的武器，就是良心。"

我又把话题扯到学生身上，缓缓说道："可以说，每个人的灵魂深处都有卑污的一面，但更有善良正直的一面。关键是我们应随时间问自己，是不是守住了自己的一颗良心？是不是在灵魂的搏斗中取得了胜利？我想，肯定有学生曾经体验过这种战胜自我的幸福，也可能有学生的内心深处正在进行着邪恶与善良的搏斗。李老师真诚地希望，我们每一个人都具备冉·阿让那样的道德勇气。"

我说这些话的时候，并没有想到要刻意教育谁，无非就是结合小说人物有感而发。我之所以十几年来坚持为学生读优秀文学作品，就是因为我坚信，优秀文学作品对人的灵魂的确有潜移默化的陶冶作用。

每次我这样充满激情地评论时，学生总是静静地听着，脸上呈现出一种与他们年龄不太相称的庄严表情。而今天，我没有意识到，一位学生的灵魂正被冉·阿让的灵魂敲打着……

第二天早晨，我走进办公室，看到桌上放有一个纸包。我打开一看，是卷着的一叠钱，足足有几百元！包钱的纸其实是一封信。

李老师：您好！

看到这封信您一定很奇怪，那么就请您慢慢往下看吧。

过去，我是一个非常卑鄙的人，但是我在老师和同学的眼里却是一个品德高尚的人。是的，同学们都认为我是好同学，老师也认为我是好学生，可是，他们哪里知道我这个公认的"可爱的人"，竟是一个小偷！

那是初一的时候，有一次班里收费，我观察到三小组的组长方秋把本小组的钱放在了文具盒里。我心里十分高兴，认为"一片肥肉"就要到手了。第三节课下课了，同学们都要去操场做广播操，我等同学们走得差不多了，就开始了自己的罪恶（行动）。我走到方秋的座位前，拿出文具盒，打开一看，里面有一叠10元的人民币！在那一瞬间，心灵中卑鄙的"我"战胜了高尚的"我"。我赶紧偷了那一叠人民币，匆匆下了楼。还好，没人发现！而且后来老师在班上清查时，也没人怀疑我，因为我在老师同学心目中的印象一直很好。

那件事以后，我又接着偷了好几位同学的钱，尽管每次都没人发现，但事后我总是心虚，很不好受。

李老师，您是一位好老师。虽然您多次在班上查这一系列的失窃案都没查出来，但我的内心并不好受。每次听您在班上苦口婆心地对我们进行正面教育，经常对我们讲做人要诚实、要正直，我的心情总是难过到了极点。记得您给我们读了路遥的小说《在困难的日子里》，并对我们说："马建强在那么艰难的情况下，都决不要不属于自己的钱物，这是多么的可贵！"当时，我真想向您坦白我的罪恶，但实在是没有勇气啊！昨天，您给我们念《悲惨世界》时，教育我们要向冉·阿让学习，向过去的罪恶告别，做一个人格高尚的人。您在说这些的时候，并没有具体地批评谁，我听了却总觉得是在敲打我可耻的心灵。

如果我不承认，别人也许不知道，但我就彻底堕落了。终于我决定鼓起勇气，承认我过去的偷盗行为，并且开了一张清单，写明我曾偷过的同学和所偷的金额，连同赔偿的 220 元钱，悄悄地放在了您的办公桌上。请您代我退给这些同学。

本来我应该彻底勇敢地找您当面谈，但请原谅我还缺乏冉·阿让那样的勇气。我非常感谢李老师在危险的关头，把我从罪恶的深渊里拯救了出来，为我以后的人生点燃了一盏明亮的灯。

课堂辩论：该不该要惩罚？

从 1987 年我第一次在班级实行民主管理以来，每接一个新班，我都要"从零开始"引导新生制定"班规"。每一个班的学生隋况不完全一样，所以"班规"中某些具体的条文也不完全一样，但"班规"的可行性、广泛性、互制性的基本原则和民主、平等的基本精神却是完全一致的。

1997 年 9 月，我调到成都石室中学，接手 2000 级 3 班班主任，又开始在班上引导学生制定"班规"。这次，在要不要"惩罚"问题上，学生中产生了不同的看法。

本来，这个问题在我实行民主管理之初就犹豫过，"惩罚"在教育中的确是个敏感的问题。无数教育者的实践都证明，教育不能动辄惩罚，但离开了一定的惩罚，教育将是苍白无力的。

不过我这个观点绝不能强加给学生，关于"班规"中要不要惩罚，还是应通过讨论甚至辩论，由班上学生投票决定。多年来我已养成了一个习惯：凡是自己在工作中遇到什么难题，我都要将难题交给学生。因为我坚信，五六十个大脑无论如何也比我这一个大脑聪明。

于是，我利用一节班会课搞了一次讨论。在讨论中，赞成惩罚的学生（简称"赞成派"）与反对惩罚的学生（简称"反对派"）几乎势均力敌，谁也说服不了谁。这时，学生都把目光投向我，想让我来做最后裁决。

我毫不怀疑自己在这些十一二岁的学生心中的权威地位，只要我说出我的意见，大多数人都会赞同。但是，我不能把自己的看法强加给学生，应该在尊重他们的前提下引导他们。

恰好这时，崔涛同学发言了："我有一个建议，我们的'班规'暂时不要惩罚，试行一段时间看看。如果需要惩罚，我们再加进去。"

崔涛的建议，说出了我本来想说的话，也赢得了多数人的同意。于是我说："还是那句老话，班集体是大家的，班上无论什么事都应大家商量着办。既然多数人都同意崔涛的建议，那这个问题就暂时这样定了吧。"

由于年纪小，相当一部分学生的自觉性不是很强，这就使班上有些时候的纪律不能得到保证。凡遇上违纪情况，我们都是按"班规"批评教育，但对一些学生显然力度不够。有一天上自习课，纪律很不好，班委招呼几次都不起作用。放学以后，班长向启找到我："李老师，看来不要惩罚是不行的，还是应该在'班规'里加上惩罚的内容。这样，纪律才有强制性。"

我说："好，我们再开一次班会，就这个问题进行辩论，怎么样？"

班会开始了，我让向启向全班总结了一下近期班上的纪律情况，然后让全班学生就"是否在'班规'中加上惩罚内容"举手表决。结果，"赞成派"人数大大增加，"反对派"的人数则要少得多。按理说，就凭这个表决结果此事便可定下来，但我想通过辩论让每个人都来深入思考一下这个问题。

于是，我叫"赞成派"和"反对派"各坐一边，准备辩论。

先是邹冰代表"赞成派"发言："我认为，'班规'里应该有惩罚，因为最近一段时间班里的情况已经证明，没有惩罚是绝对不行的。"

"反对派"的林媛却站起来反驳："惩罚只能让违纪学生行动上受约束，而不能让他们真正心服。"

向启立刻站了起来："如果要让每一位违纪的学生都心服，是很难做到的，但是，我们的纪律决不能迁就这些学生。"

张杨从另一个角度谈了她的看法："李老师最近为我们读了《爱的教育》，书中的老师对学生从来不惩罚，因为他爱学生，信任学生。我想，我们班也不应该要惩罚，也应有'爱的教育'。"

她的话音刚落，就有"赞成派"的同学反驳她："对违纪学生进行惩罚与爱的教育并不矛盾，惩罚也是一种教育。《爱的教育》中，那位一贯不守纪律的弗兰谛最后不也被开除了吗？请问，这不就是一种非常严厉的惩罚吗？"

但"反对派"仍然据理力争："违纪的学生毕竟是少数，但'班规'里规定惩罚就是对多数学生而言，这公平吗？"

"赞成派"："对于多数遵守纪律的学生来说，根本不必担心惩罚。国家法律规定犯罪就要受到惩罚，可犯罪的毕竟也是少数，请问这又公平不公平呢？"

"反对派"："我们不否认惩罚会让一些违纪学生有所收敛，但这同时也让人产生逆反心理。我们为什么不用说服和感化来让他们口服心服呢？"

"赞成派"："开学以来的班风已经证明，对少数学生来说，仅仅靠感化和说服是不起作用的。而且，我们在采用惩罚的同时，也可以继续对他们进行说服教育。"

学生希望听听我的意见，我说："大家的辩论很有意义。不管赞成惩罚的，还是反对惩罚的，都是在真诚关心我们班集体的建设。因此，这场辩论的意义已不仅仅是决定是否要'惩罚'，而更重要的意义在于学生通过辩论在不知不觉中进行自我教育，在尝试着以班级主人的身份思考民主治班的问题。至于对是否在'班规'中加进惩罚内容，我个人的意见是，咱们再尝试一段时间的'无惩罚班规'。我相信通过今天的辩论，少数经常违纪的学生一定也受到了教育，我更相信他们已经在心里暗暗下决心改正自己的缺点了。当然，如果多数学生都认为现在就非加进惩罚不可。我服从班上大多数人的意见。"

说实话，理智告诉我，对于没有良好行为习惯的学生来说，应该通过纪律惩罚强制性地让他们养成良好习惯。但感情告诉我，如果不要惩罚就能让每一个人具有良好的纪律风貌，那多好啊！

最后，大家举手表决，多数学生赞成暂时维持现状，过一段时间再根据情况修改"班规"。

班会之后，班上特别调皮的学生却找到我："李老师，我们要求'班规'有惩罚，不然，我们老是控制不住自己。如果我们想到违反了纪律将受到惩罚，可能就会随时提醒自己遵守纪律。"

这些时常违纪的学生居然要求惩罚，实在令我高兴。我对他们说："刚才班上已通过的决议，我怎么能随便改变呢？你们愿意接受惩罚，这说明你们有着强烈的改正缺点的愿望。希望你们随时提醒自己做一名守纪律的学生。"

我对教育中的惩罚是这样看的：第一，教育不能没有惩罚，或者说惩罚也是教育的一种方式；第二，惩罚不一定是体罚，对学生任何形式的体罚都应该反对并禁止；第三，教育中的惩罚最好是学生自己对自己的惩罚，这样带有自我约束色彩的惩罚实际上是学生自我教育的一种形式，我认为应该提倡。

这场辩论刚刚过去不久，现在我班的"班规"仍然是没有惩罚的。我和学生都等待着下一次班会的集体裁决……

学生总是对的

我性格开朗、活泼，而且很喜欢孩子，因此许多人都说我特别适合当老师。其实，如果以教师的职业标准来衡量，我也有很多弱点。

我之所以能够比较成功地克服了许多不足，主要的秘诀就是把自己交给学生监督，鼓励学生对我这个老师说"不"。

最早的尝试是在1984年，我在教室里挂了一个意见箱。

我对学生说："大家对我有什么意见，都可写成字条往里面丢。"为了怕学生有顾虑，我又强调，所写的字条可以不署名。

我每天下班前都打开小木箱。可最初的几天，小木箱都是空空的。

于是，我又在班上鼓励道："大家不要有什么顾虑，想写什么就写什么。"

木箱里开始有字条了。可大多是向我告别人状的。不久，被人告发的学生又写字条进行辩解，或进行反击。这样一来，本来我想让学生给我提意见，结果成了学生之间的互相告发。

我反复向学生讲道理："你们给李老师提意见，是对李老师最大的帮助，凡是给李老师提意见的学生，都是李老师最真诚的朋友。"同时，明确规定，凡是给同学提意见的字条，不许往小木箱里丢。

在一次语文课上，我有意犯了一个错误——在板书课题《论雷峰塔的倒掉》时，故意把"峰"写成了"锋"。

第二天，我在木箱里收到了第一张学生的意见条："李老师，昨天您上课时，把'雷峰塔'写成了'雷锋塔'。可能是粗心了吧，希望您今后改正。"

我在班上念了这张字条，并热情地表扬了这位给我提意见的学生："很遗憾，这位学生没留名字，不然，我一定要赠送他一件小礼物以表达我的谢意。"同时，我又委婉地批评了其他学生："昨天，我是在课堂上公开写错别字的，相信发现李老师写错别字的学生绝不止一人，可为什么只有一个学生给我指出这个缺点呢？"

大概是学生感到了我的真诚，木箱里的意见条渐渐多了起来。

说实话，听惯了学生的赞美诗，猛然面对如此密集的意见书，虽然理智告诉我这是学生对我的真正帮助和爱护，可感情上总还是不那么舒服。表现在行动上，就是面对学生的意见，我总是忍不住要"解释解释"——学生说我某次"批评同学太严厉了"，我说："我的心是好的，如果不严厉点儿，犯了错误的学生不会吸取教训的。"

学生说我"上衣的拉链没拉好"，我一边撩起上衣一边说明："我的拉链坏了，不信你们看。"

学生说我"有时留校学习留得太晚，肚子都饿了还不能回家"，我说："李老师帮你们补习也是为你们好啊！再说李老师不也饿着肚子吗？"

很难说我让学生提意见不是真诚的，但我本能的解释却让我的"民主"显出了"虚伪"。而我这种"虚伪"是被一位学生给点破的。

有一天，我从小木箱里收到一封不短的信，照例没署名，而且字有意写得歪歪扭扭："……李老师，许多学生都在背后议论您总爱解释。大家的意见可能不完全对，但给您提意见总是对的。可经您一解释，大家的意见全错了。您对大家的意见，总是先说一通'谢谢'，再来一个'但是'，'但是'之后，都是大家误解了您。这样一来，谁还愿意给您提意见啊！您不是常对我们说'有则改之，无则加勉'吗？您能不能也用这种态度来对待大家的意见呢？"

读这封信的时候，我的心情是极为难受的，甚至有一种无地自容的羞愧。我不得不承认学生的话是对的。怎样做一个真诚的教育者？这是从那时起到现在我一直思考的一个问题。

经过痛苦的思想斗争，我终于鼓起勇气在班上念了这封信，并对全班学生表态："不管大家提什么意见，我将本着'有则改之，无则加勉'的精神，一概接受，决不解释。"

从那以后，我征求学生意见的方式换了许多种，但在听取学生意见时，我始终遵循一个原则——学生总是对的。

对此，曾有朋友和我争论："学生的意见有对的，也有不对的，至少总有些不理解教师或误解教师的地方，而且学生毕竟不成熟，怎么能说'学生总是对的'呢？片面强调'学生总是对的'，这显然不利于教师的教育。再说，如果教师认为'学生总是对的'，很容易使教师被学生牵着鼻子走而丧失教育的主动权。"

我不同意这种观点。我所说的"学生总是对的"，不是指教育的所有方面，而仅仅是指面对学生的批评意见时，我们应该采取的正确态度。

学生敢于给教师提意见，这种精神"总是对的"；学生是公开给教师提意见，而不是背地里乱说，这种态度"总是对的"（其实，"背地里乱说"也未必不对，因为这正好提醒教师反思：为什么学生不敢或不愿公开给自己提出呢？）；学生给教师提意见是为了老师改进工作，这种动机"总是对的"；学生的意见帮助教师改进了工作，并且提醒教师不断严于律己，追求教育的尽善尽美，这种效果"总是对的"；学生给教师提意见，这体现了教育应有的民主监督，也体现了学生权利意识的增强，这种教育民主的精神和民主教育的形式"总是对的"。

即使是学生误解了教师而提的意见，我们也应想想：我为什么没能让学生理解我的教育，这责任不也在教师身上吗？而学生的意见恰恰提醒教师要注重与学生的沟通。从这个意义上说，即使提的是不太正确的意见，学生也"总是对的"。

举个例子。我教成都玉林中学 1998 级 6 班时，有一次出差前，我给学生布置了许多语文学习任务，让他们在上语文课时自己完成。因为我要 10 天以后才回来，所以给学生布置的任务就比较多，但并不要求每一名学生都必须在我回来之前完成。我出差回来后，马宁同学主动把他的日记给我看，上面写了对我的意见："李老师这次给我们布置的语文学习任务实在太重，我真想不通，李老师平时接受电视台采访或写文章发表都标榜他在搞'素质教育'，可我们的负担这么重，这就是他所谓的'素质教育'吗？

马宁主动给我看他的日记，就说明了他对我高度的信任。马宁和其他学生有不理解我的地方，因为我并未要求他们必须在我回来之前把这些学习任务都完成，是他们误解了我的意思。但是，这个责任也该由我负，因为我至少没有在班上强调这一点。由于我没有强调，给学生形成了"必须完成"的错觉，害得他们牺牲了许多休息时间来完成学习任务，这的的确确是我的错啊！学生发些牢骚有什么不可以呢？如果马宁不给我看他的日记我还蒙在鼓里，所以我应该感谢他的直言不讳才是啊！

我在班上表扬了马宁，并向全班学生表示了歉意。这以后，我便随时提醒自己注意与学生的沟通，尽量减少师生之间的误解。

语文课上的歌声

——陈悦扬同学的作文

看到这个题目，可能有人会疑惑：语文课怎么会有歌声呢？

这天下午有一堂语文课，李老师带着他那一贯的笑容走进了教室。他说："今天我们来复习复句知识。"大家当时并没有感到有什么特别之处，然而李老师的第二句话却让我们都吃了一惊："我们今天是通过唱歌来复习复句知识的。"大家一下子兴奋起来，议论纷纷："嘿，真新鲜！""唱歌怎么复习复句呢？""李老师又要耍什么'花招'了？"

李老师接着说："其实，复句并不只是书上的语法练习，而是生活中常用的语言结构形式。我们平时根本就离不开复句。比如，我们歌曲中的歌词，好些就是复句。下面，我请一位学生唱几句歌，请大家听一听他唱的歌词属于什么复句。"

大概是没有思想准备，也可能是大家有点儿不好意思，谁也没有举手。班上一下子鸦雀无声。

李老师便说："没人敢唱？那我就不客气了，且听我一展歌喉。"大家都被李老师的幽默逗笑了，于是大家都鼓起掌来。

"咳咳，咳！"李老师先装模作样地清了清嗓子，便唱起了"复句"："要是有人来问我，这是什么地，我就——骄傲地告诉他，这是我的家乡。"李老师的声音婉转悠扬，十分动人。大家正陶醉着，李老师突然不唱了，问大家："请问这是什么复句？"

大家一边鼓掌，一边大声回答："假设复句！"

可能是李老师的歌声感染了大家，大家开始举手要求唱歌了。卢竹同学站起来，唱了一句流行歌："邀遍大王不邀遍，我们喜欢他。"大家被他的歌声逗得哈哈大笑，但在回答这句歌词是什么复句时，却争论不休："并列！""条件！""因果！""递进！"……最后才统一了答案，应该是因果复句。

有了卢竹同学的开头，后面的"歌手"便纷纷"亮相"了。曾以美声唱法在学校卡拉 OK 大赛中获得优异成绩的李溟吴同学唱起了《血染的风采》："如果是这样，你不要悲哀，共和国的旗帜上，有我们血染的风采。"班长王迪动情地唱起了《说句心里话》："话虽这样说，有国才有家，你不站岗我不站岗，谁来保卫祖国谁来保卫家，谁来保卫家！"陈玉洁同学以她那甜美的嗓音唱起了："蓝天里有阳光，树林里有花香……"

每个"歌手"在唱的时候，往往是他刚唱了一句，全班学生就情不自禁地和着他的声音一起唱。于是，独唱变成了合唱，教室里的气氛非常感人。唱完一段歌词，大家就分析一下其复句结构。在歌声中，大家的情绪越来越高昂，唱歌的学生也越来越多。

快下课了，李老师提议："我们一起来唱《长江之歌》的最后部分吧！大家先回忆一下歌词，想想是什么复句？"大家稍微想了一下，便齐声说："并——列——"然后，大家便唱了起来——

"我们赞美长江，你是无穷的源泉；我们依恋长江，你有母亲的情怀……"

下课了，可语文课上的歌声还久久地在学生耳畔回响着……

"学生评语"能否换张面孔？

恐怕很少有班主任不感到写学生评语是一件苦差事。其苦多半不在"写"本身，而在于评语内容易流于空泛、枯燥、乏味。

因此，要使评语真正体现个性、充满人情味，必须突破以下几点：一是少写"观念"，多写"行为"。与其写一名学生"热爱党，热爱祖国"，不如写他如何"热爱"。是积极争取入团，还是自愿参加党课学习？是严肃认真地参加升旗仪式，还是主动捐助希望工程？……写出不同学生的不同"爱法"，个性便出来了。二是不求全面，只求特点。那种逐一评述德智体美劳，既写优点又写缺点的做法，貌似"全面"，实为片面，因为每名学生都在教师的"全面评价"中丧失了个性。而抓住了学生某一方面或某些方面的突出点予以描述，虽然也许不"全面"，却把这名学生与其他学生的不同点凸现出来了。三是态度平易，用语亲切。摈弃"庄严"的公文式语言，代之以温和、诙谐、饱含真诚感情的语言，使学生通过评语感到师生之间的人格平等与尊严平等。四是变换口吻，改变人称。把冷峻的评判变成亲切的对话，把严肃的鼓励变成殷切的叮咛，把第三人称"该生"换成第二人称"你"。

基于以上思考，我从 1994 年起开始尝试评语的另一种写法，力图使学生评语多一些个性，多一些亲切，多一些幽默。这种换了面孔的评语，受到了学生及其家长的认同。下面，是我为成都玉林中学 1998 级 6 班部分学生写的几则评语——

刘畅——你随时都是笑眯眯的，自然地流露出心灵的善良，脾气好得简直就没有脾气，对同学、对老师的态度都很好。哦，不，也有严肃的时候——那是作为我的代表带领大家午读时，你站在讲台上如一位指挥家，指挥着"语文大合唱"（李某人常常悄悄地站在教室外面，被这世界上最美的音乐陶醉。）学习上一贯自觉，成绩也不错，但某些科的成绩好像不太稳定。我建议：1. 沉住气，千万别轻易怀疑自己的潜力；2. 方法上还要多向同学讨教，平时可经常与成绩比你更好的同学交流学习体会。祝贺你本期光荣地加入了中国共产主义青年团，成为保尔·柯察金和向秀丽的"后来人"。可不要骄傲哟！

段芳——你没有少挨我的批评，但我真的不认为你是一位"坏"同学。而且，你被我批评的缺点，大多是你优点的"变形"。你很热情、活泼，一"变形"就成了课堂上的爱说小话；你待人真诚，喜好交朋友，可难免分散了不少学习上的精力（比如有时串班，晚上学习时有电话干扰，等等）；你很热爱班集体，可为了维护"班级荣誉"竟不惜"欺骗"杨校长，结果严重败坏班级声誉……你没有"变形"的优点也是显而易见的：心地善良，思想纯洁，乐于帮助同学，更乐意为集体出力；你办的《玉林日报》，不但版面美观，而且可读性很强。如果你在纪律上继续进步，在学习上更加努力，前途无可限量啊！

　　刘洪——你与铁道游击队队长同名，也有"刘队长"那样宽广的胸怀（这是大家说的），却少了许多"刘队长"式的坚韧不拔的钢铁意志（这是我说的，主要是指你的学习而言）。你是李老师的"重点保护对象"，不，应该说是"重点牵挂对象"——尤其是课堂纪律（当然，现在好多了）。不过，我对你最满意的是，你能够理解老师对你的帮助，还能虚心接受同学的批评。正因为这样，你最近的进步才如此之大，希望你把劲头都用在学习上，而且要坚持"持久战"。

　　支娜——威风凛凛，嘻嘻哈哈，风风火火，叽叽喳喳。工作认真负责——课前几声呵斥，当年班长余威犹存；性格开朗大方——台上一席讲演，未来豪杰锋芒初露。严于律己稍逊，常挨老师"骂"；宽以待人渐佳，时被同学夸。爱抒鸿鹄志，不乏真诚感；乐作深沉文，偶有通假字。有副热心肠，有张厉害嘴；是个急性子，是位马大哈。善良应保持，胸襟需拓宽。几番努力，成绩已经有所进步；来日方长，学习应更一丝不苟。取得荣誉之时，须诵"非淡泊无以明志"；遇到挫折之际，犹记"非宁静无以致远"。老老实实，真真实实，踏踏实实，朴朴实实！

　　马洁——你不满 14 岁就成了中国共产主义青年团光荣的一员，而且担任了团支部书记，还被大家评选为成都市直属学校三好生，令人羡慕更令人敬佩。你为人朴实正直，工作认真负责，待人善良，严于律己，具有强烈的责任感和服务意识，且工作能力很强。从你当班长开始，班委真正实现了对班集体的自我管理。多次组织班里的各项活动——那次雨中徒步春游，你穿梭在队伍的首尾，还真像一位少年老成的儿童团长。每当我外出学习或开会，你便坐上了班主任的"宝座"。让许多同学敬佩的，当然是你那近乎"不倒翁"一样的学习冠军。我倒不一定强求你永保第一，如果偶尔有几次没当上第一名，也没有什么，关键是知识和能力应协调发展。你说呢？

刘肃——在我的印象中，你只有两种表情：忧郁（微微皱眉）和快乐（甜甜微笑）。忧郁什么呢？无非就是学习吧。其实，每名学生的学习基础和学习起点并不完全一样，因此简单地用一把分数的尺子来衡量所有学生显然并不十分公正。你的学习态度还是比较端正的（偶尔也有草率的时候），只要自己尽了力,而且有进步,就应感到欣慰。原来我曾听说过你性格内向，不爱与人交往，现在看来不是这样的嘛！课堂上，你能主动举手发言（有时候与邻桌同学说小话，这可不对），课外你能够和同学嬉笑玩耍，你一定也感到了生活并不仅仅是分数，还有更多的乐趣，是吧？

万晓——个子高高的，但只要一开口，就让人感到"这是一位小朋友"。说话声音奶气而且尖细（因而大家戏称你为"尖子声"），你好像为此有点儿烦恼，其实这并不是缺点呀，因为你并不是有意假装"天真"，而是你可爱本性的自然流露。所以，你对大家很真诚、很和蔼、很大方，当然也以你特有的"尖子声"给班级带来了友好的笑声。大家呢，自然也很喜欢你。你学习态度一直很端正，课堂纪律、各科作业等，从不需要老师操心。不过，随着学科的增多，知识难度的加大，你可能会感到学习不像以前那么轻松了。这是正常的，只要信心不倒，精神不败，并随时根据新的情况改进学习计划，你最终就一定会学得很好。相信我，没错的！

游佳——曾经见到老师就紧张。在大家的帮助下，你现在已经完全克服了这一缺点。学习上一贯自觉，你所写的反映刻苦学习的作文《拼搏》，表达了你以苦为乐的豪迈气概（这也是你学习成绩好的重要原因）。小组长当得颇有幼儿园阿姨的特色（这是大家说的），把组员们照顾得非常好！

涂娅玲——你的座右铭是"人生最善良的行为是奉献"。难怪我在班上读了路遥小说《在困难的日子里》后，大家都说你像里面的吴娅玲一样善良。当初你主动要求当生活委员时，我实在不放心以你柔弱的性格怎么组织得好每周两次的大扫除。可一学期下来，教室总是打扫得干干净净，很少听说哪个同学不服你管。大家对班委进行民主评议时，你受到的赞扬最多。看来在工作艺术方面，我这个班主任确实还得向你学习啊！生活委员琐事太多，可你对待这一工作，却认真到了一丝不苟的地步，因而大大减轻了我这个班主任的压力。在此，向你真诚地说一声：谢谢你！

李勃轶——男孩李勃轶，可爱小弟弟。天性属纯真，机灵又调皮。性格颇活跃，淘气不违纪。对人很温和，有副好脾气。见我便羞涩，憨态真可掬。关心组上事，热爱班集体。校运会长跑，为班争荣誉。数学比较好，物理还可以。喜欢动脑筋，爱钻偏难题。语文有点弱，作文羞于提。作业较草率，发言不积极。老师提问时，脑袋欲入地。主编《玉林报》，不是好编辑。近来有进步，千万别泄气，文理不可偏，发展应整齐。如果成跛子，自己害自己。将来考大学，后悔来不及。可怜瘦弱貌，弱不禁风体。若无健壮身，状元又怎当？即使饱学士，也难出大力。愿你早成熟，盼你有出息。报国建勋日，都夸李勃轶！

谢垣——上课经常麻木不仁，作业经常一塌糊涂，还不时和妈妈发生争吵……我因为爱你，才批评你嘛！是不是？你不要以为我老和你过不去，只要你听话，我就很喜欢你——去年在乐山太阳岛，我们玩得多快乐啊！何况，最近较长一段时期，你的进步是显著的，我倍感欣慰。你真的很聪明，知识面较广，反应较快，只要用功，一定会取得优异的成绩。

欧阳懿哲——你让人一看，就觉得你像位文质彬彬的书生——皮肤总是白白净净，衣着总是干干净净举止总是文文静静。好像很关心国家大事，因为每次谈到有关国内新闻或国际风云，你往往能从容对答，令人赞叹。每天早晨你都很忙，张贴并收存《玉林日报》是你做得最认真的本职工作，布置办报顺序更是细心周到。你的学习比较认真，成绩也还可以，但语文不理想，尤其是书写有待加强，而且常常在作文中"发明"许多"汉字"。希望你的作业能书写得像你这个人的外貌一样漂亮！

黄可——你的优点像你的缺点一样丰富，你的缺点像你的优点一样突出。学习兴趣极浓，各项学习任务几乎不需要老师操心。钻研精神极强，喜欢独立思考，而且常提出一些颇有见地的问题。上进心极强，欲与马洁试比高，是唯一曾经超过马洁零点几分的同学。这些都是极可贵的优良品质。不过，我希望你在其他方面也能与马洁竞赛，比如能力，比如纪律，比如心胸……

吴昊——热爱班级，但好像没有明显地为班级争过光；纪律方面不敢说高度自觉，但好像也很少有严重违纪的时候；对同学温和，但好像也并不特别热情；对学习不算非常刻苦，但好像很少因学习态度而惹老师生气；我很少听老师同学反映你的问题，但也很少听老师同学表扬你的优点……吴昊啊！面对一生的各种名利的诱惑，我不反对甚至欣赏"淡泊明志"式的"平淡"，但对于你的现在，我更希望你"辉煌"！

李溟昊——你脸上的每一个表情都很温和，宛如你身上每一根线条都很柔和一样。你很有演说才能，一篇《国旗下的讲演》，博得全校上千师生的掌声。你善歌咏，以美声唱法参赛曾获奖。你记忆力惊人，摇头晃脑地表演背诵圆周率，让大家感到非常惊喜。希望你继续努力，争取取得更好的成绩。

周翔——五官清清秀秀，言谈举止斯斯文文，头发梳得光光生生，衣服穿得干干净净，心地善良，脾气温柔。你热爱集体，非常愿意为班级做事，如见我要发本子，你白白净净的手便如一面旗帜在空中不停地舞动。曾任小组长，取得了不错的成绩。学习上从未挨过老师的批评，这似乎令人高兴；但也很少博得老师夸奖，这可令人遗憾从今往后，你还需要继续努力。

杨光——做事慢条斯理，举手投足都如打太极拳一般舒缓。你内心其实非常纯洁善良，而且有着内在的集体责任感，自从当上物理科代表之后，以其特有的细腻认真地履行着自己的职责。愿你多一些朝气，多一些激情。

蒋亮——校运会上双脚生风，绿茵场上过关斩将，为集体荣誉曾立下汗马功劳。也许是太迷足球了，常常忘了自己的首要任务是学习，有时课堂上都在模拟足球赛，结果学习成绩当然远远不如你的足球技术。你心地善良，对班级也十分热爱，就是脾气不好，做事常常由着性子来。不过令我欣慰的是，你很听我的话，而且很理解我对你的严格要求，相信你会把足球场上的拼搏用在学习上，给我们一个又一个的惊喜！

以上评语也许不太符合评语写作规范，但我想，只要能抓住学生特点，体现学生个性，拨动学生心弦，激励学生上进，不就达到了评语的目的了吗？

雏鹰展翅欲凌云

——乐山一中"凌云"文学社剪影

"我们可不想借名人出名！"

1984 年 *11* 月底的一天，乐山一中校园内的一棵大树下，围坐着一群刚升初中的学生。他们正在热烈地讨论着什么，叽叽喳喳地像一群小鸟——

"不是刚学了《从百草园到三味书屋》吗？我建议叫'百草园'文学社。""不，我看叫'小作家'文学社，我们就是小作家嘛！""我认为应该叫'希望'文学社。""'新星'文学社，怎么样？"……

原来，他们正在给刚成立的文学社命名。这个由 *1987* 级 *1* 班 *14* 位语文爱好者组成的文学社，可能是全国成千上万个中学生文学社团中人数最少、平均年龄最小的文学社吧！

作为他们的语文教师，我参加了他们的讨论："何不叫'沫若'文学社呢？我们学校不是郭沫若的母校吗？或者还可以叫'东坡'文学社，苏东坡是我们的同乡啊！"

学生否决了我的提议："何必要沾名人的光呢？""我们可不想借名人出名！""一切靠我们自己！"……

我不禁由衷赞叹："嗬！你们真是人小志大、壮志凌云啊！"

谁知这话倒启发了大家："壮志凌云？我们就叫'凌云'文学社吧！我们就是应该'壮志凌云'。""对！这个名字还紧扣我们家乡的山水，我们乐山不是有一座秀丽的凌云山吗？中外闻名的乐山大佛就在那里。"

于是，"凌云"文学社诞生了。

"我们当然要'继续赐稿'！"

文学社刚刚成立，恰好《语文报》举办全国中学生文学社团"春笋奖"文学创作比赛，大家非常激动，立即决定参加。几天之内，便纷纷写出"小说""散文""诗歌"。

我自然是这些"文学作品"的第一位读者。我皱着眉头读完这些"作品"后，婉转含蓄地向社员泼了点冷水："你们还是初一的学生，而且文学社刚刚成立，因此这次比赛不一定能获胜。希望大家把比赛作为一次锻炼，不要灰心……""我们为什么要灰心呢？"小社员哪里会想到失败？因而都觉得我的话不好理解，他们把厚厚的一叠"作品"寄出去后，还老盼着某期《语文报》上会出现自己铅印的大名呢！

几个月后，他们收到了《语文报》社寄来的铅印退稿信："谢谢支持！欢迎继续赐稿！"

初战受挫，但"凌云"之志却未降低："我们当然要'继续赐稿'！"他们乐呵呵地说。

结果仅仅过了一年，文学社的 14 名成员中就有 10 名在各级报刊上发表了诗文。文学社的创作热情带动了班上其他学生的写作兴趣，到初中毕业，全班已有学生先后在《中学生》《少年文史报》《现代中学生》《中学生读写》《读写园地》《乐山报》上发表了习作。

"原来这就是诗啊！"

一提起诗，大家都觉得很神秘。

我对大家说："其实，一个新颖的比喻或拟人，一个奇特的想象，写下来就是诗嘛!"大家当然不相信:"这怎么会是诗呢?"

我便和他们一起读泰戈尔的诗:"鸟儿愿为一朵云,云儿愿为一只鸟。""根是地下的枝,枝是空中的根。""白云谦逊地站在天之一隅,晨光给她戴上了彩霞。""鸟翼系上了黄金,就再也不能飞翔了。"……

于是,社员开始试着写诗了。

"刷拉拉,刷拉拉,雨,是一位画家,在大地上,画起一朵朵小花。"罗晓宇指着刚写的这几句问我:"李老师,这是诗吗?"

我鼓励道:"这就是诗!"

"人们把大地比做母亲,我把天空比做父亲。天空的性格,有时暴躁,有时温和,和爸爸的脾气一样。"宋映容不好意思地问我:"李老师,这是诗吗?"

我赞扬道:"这就是诗!"

大家惊奇地发现,自己的头脑中竟有那么多诗的灵感。渐渐地,诗越写越多,越写越好。彭涛同学还写了一本"诗集"呢!

当大家的诗,第一次变成铅字出现在《现代中学生》上时,他们兴奋极了:"原来,这的确就是诗啊!"

"请问市长……"

以"认识社会,培养能力"为宗旨的社会调查、采访活动,也是"凌云"文学社的活动内容之一。彭涛、赵刚曾深入农家,写下了反映农村新貌的调查报告《春天的喜悦》;彭艳阳、黄靖同学曾到乐山制药厂了解该厂的生产经营和改革情况;宋映容、杜瑛曾到城建局了解未来市政建设规划;陈晓蕾、陈焱还到个体冷饮店一边参加服务劳动,一边搞调查……所有这些活动都是学生独立进行的。

一天晚上,王伟、程桦、张锐等同学揣着笔记本、提着录音机来到了乐山市人民政府市长家。

"我们是乐山一中的学生。今天想就'七五'期间乐山市的发展建设规划向市长作些采访。"程桦手执录音话筒,俨然像中央电视台记者。

面对小客人,市长当然非常高兴:"好,欢迎,欢迎!有啥问题,尽管问！”

大家可不客气：“请问市长，'七五'期间，我市的工农业总产值将达到多少？”“请问市长，我市的旅游业将有何发展？”“请问市长，'七五'期间市政府打算怎样发展教育？”“请问市长……”

"请问"频频不断，市长侃侃而谈。采访结束时，市长把小记者送出来："你们这些小朋友，到我家里来采访，关心家乡建设，我非常高兴！"最后，市长还赠送大家一套《革命家故事丛书》。

几天后，《乐山报》上登出了王伟同学写的访问记《在市长家里》。

"我们有工作啦！"

暑假来到了，学生准备自己搞一次"峨眉山夏令营"。为了减轻家长的经济负担，也为了锻炼生活能力，大家决定搞"勤工俭学"活动，自己挣钱。

可是，干什么呢？社员琢磨起"生财之道"来。卖冰棍，还是卖大碗茶？到印刷厂，还是到纸箱社？……

赵刚等人胆怯地推开了书店经理办公室的大门："叔叔，我们能不能帮你们干点儿活？"

"这儿没什么可干的。"经理冷冷地答道。

"比如，帮着包书……"赵刚还不死心。

"这儿又不是图书馆！"经理不耐烦了。

像前几次在一些单位联系工作一样，这次又碰壁了。可他们毫不泄气，又走进了邮政局办公室："请问阿姨，我们能不能帮忙卖点儿杂志？"

"可以，"那位阿姨十分和气地说，"不过，需要开个介绍信。"

大家这次看到了希望，便不愿轻易放过。他们兴冲冲地奔到学校。可是学校放假了，到哪儿开介绍信？

怎么办？"找市长去！"大家想起了之前的采访。

彭艳阳果然开来了市长的亲笔介绍信。于是，邮政局的同志，同意让大家零售期刊杂志。

大家欣喜若狂："我们有工作啦！""我们能挣钱啦！"

黄昏下，在市内几处繁华的地方，大家分为三个小组设下书摊。他们把各类期刊摆好，然后用稚嫩的嗓音吆喝起来："卖书啊——卖书啊——"

行人好奇地看着这些娃娃，围了上来。

"你们是学生吧？"有人问。

"是的。我们是在搞'勤工俭学'活动。"大家自豪地回答。

"不错！真能干！"

"这本杂志多少钱一本？"有人问。

"请看杂志背面的定价，我们一律按定价出售。"大家热情而诚恳地回答。

于是，前来买书的人渐渐多了起来……

卖书活动结束后，大家数着那并不是很多的钱，心中却充满了喜悦。因为大家又一次了解、认识了社会，亲自参加了劳动实践，培养了能力，并丰富了创作内容——这些是比金钱更重要的收获啊！

失窃之后

课间 10 分钟，我班班长彭艳阳发现自己刚买的五元菜票被人偷了。

气愤之中，我首先想到的是清查。但怎么能断定是被我班学生偷了呢？全班学生的自尊心可不能轻易伤害啊！再说，即使我费力查出了偷菜票的人，又能怎么样呢？无非是让他在全班学生面前感到无地自容。因此，我决定放弃清查，而把这件坏事变成教育大家、促进良好班风形成的好事。

中午，我找来了陈晓蕾和邱梅影。"你们是彭艳阳的好朋友，她的菜票丢了，你们打算怎样安慰一下她呢？"我启发道。

"我们正在发动全班同学捐助彭艳阳一些菜票。"

听了她俩的回答，我心中一喜：学生和我想到一块儿了。看来不用我"暗示""启发"了。

晚上,彭艳阳拿着一大叠菜票来找我:"李老师,我不能收这菜票。"

我说:"大家的心意,你怎么好拒绝呢?再说,你退给我,我又退给谁呢?"

"可我只丢了五元菜票,而这里有九元多呀!"

"这好办。你把多出的菜票保存好,以后班里谁有困难,你就支援他。好吗?"

彭艳阳只好含着泪点点头。

一件坏事似乎已经变成了好事。不过,我仍感到通过这件事应该达到的教育效果还未充分体现出来。我还要继续挖掘它的教育因素。

几天后,我从学生的日记中发现,大多数人对捐助菜票都很感动,认为我班班风好,但也有少数学生有不同看法。

于是,在班会上,我提出了一个问题叫大家讨论:"大家为什么要自愿捐助彭艳阳?"

一个女学生首先举手发言:"因为她是班长,有学生想讨好她。"

她的话引起了大家的议论:"次董洁病了,我们去看她,难道也是讨好?""上回徐强受伤了,也有许多同学去看望他,难道他也是班长吗?"

大多数人显然不同意她的看法。但我说:"她能大胆发表自己的看法,很好。"

邹勋站起来说:"她说得不对。是因为大家有互相友爱、互相关心的好思想。"

不少学生点头赞许,可我认为他只说对了一半。还有几个学生高高举手,显然也不满意邹勋的答案。

"好,请汪皓说。"我指定了一位女生回答。

汪皓大声说道:"一方面是由于大家有互相关心的好思想,但更主要的是因为彭艳阳平时对班集体就特别关心,对大家也很热情,所以她现在有了困难,大家自然会支援她。"

"对！对！"更多的学生表示同意她的发言。

是啊，说起彭艳阳，班上几乎没有人不敬佩她。平时，谁有了困难，她会主动去关心；谁学习上有了难题，她会耐心解答；谁有了缺点，她会轻声细语地帮助；她曾用自己的三好生奖学金买来两盆文竹盆景献给班级；有两名学生闹纠纷了，她主动找这两名学生谈心……因此，彭艳阳在全班享有很高的威望。

罗晓宇在作文里写道："从读小学以来，我第一次遇上彭艳阳这么好的同学。"任安妮在日记中写道："班上要是多有几个彭艳阳该多好啊！"从云南转学来的刘忠斌也说："在我原来的班上，要找彭艳阳这样的干部，除非太阳从西边出来！"

汪皓的发言代表了大多数学生的看法。通过讨论，全班学生的认识逐步统一了：一个人要想得到别人的尊重和关心，自己平时就应该尊重和关心他人；要想感受班集体的温暖，自己就应为班集体提供温暖，真正做到"让人们因我的存在而感到幸福"。

最后，我又提到了菜票的丢失："我不能断言彭艳阳的菜票一定是被我班学生偷了，但我完全可以肯定，即使偷菜票的人的确是现在在座中的某一位，那么，此刻这名学生面对同一集体中这么多纯洁无私的心灵，也一定感到惭愧，并且正在心中暗暗发誓不再做这种事了。因此，我仍然可以说，我们班依然是一个美好的班集体！"

现在想起来，学生从此事中受到的思想教育，显然是教师在班上严厉追查并郑重警告所达不到的。因此，最大限度地挖掘并发挥每一件小事的教育效益，这应该是班主任努力追求的教育目标。

大街上的语文训练

我曾在一篇谈减轻学生过重课业负担的文章中这样写道——

有些教师和家长误以为'减负'就是少布置甚至不布置作业，

73

这显然是把'学习负担'简单地与作业划上了等号。研究学生学习心理，我们会发现，学生的'负担感'并不一定完全是由于作业多或者作业难而造成的身体上的疲惫不堪，更多的时候，他们感到的是一种源于'低效作业'的心理负担。比如，老师要求学生抄写五个生字，每字10遍。这样的作业显然并不算多，也并不难，但对不少学生来说无疑是负担——因为这样低效甚至无效而又枯燥无味的作业使他们'心累'！相反，如果老师布置的作业紧扣学生的学习实际，符合他们的学习兴趣且充满创造性，那么，即使作业稍多一点，学生也不会觉得是'负担'。比如，同样是对字词的掌握，如果我们让学生走向社会，让他们就大街上的错别字、生造词进行调查并写成调查报告，这样的作业所花的时间远远比单纯的抄生难字词要多，但学生显然更愿意去做，因为这是一种创造性的实践活动。

这里提到的学生上街寻找错别字的事，是我在我所教的历届学生中多次开展的语文活动。这种活动深受学生欢迎，因为在他们看来，这种"大街上的语文训练"真是太有趣了。下面是乐山一中 *1987* 级 *1* 班学生刘彤写的一篇作文，题目是《捉错别字小记》——

　　1986 年 4 月的一个周末，李老师为了培养我们的能力，让我们到街上去调查错别字。大家听说后，都觉得很新鲜，当然也很乐意参与这项活动。

　　当天下午，我们便开始行动了。我们八组又分为四个调查小组，每个小组"承包"一段街道。我和卢涛一组，负责调查张公桥和新村一带。

　　我俩骑着自行车慢慢地在街上游转，眼睛不停地向两旁看。看见商店就走进去。我们先看墙上的服务公约，然后又弯着腰在柜台外仔仔细细地看商品的每一张标签，看见错别字就匆匆记下来。出门时，还把商店名称也抄了下来。售货员对我们的这种行为大惑不解，用一种诧异的甚至是恼怒的眼光看着我们。我们刚开始接触这种眼神时，禁不住会打几个冷颤。但看多了，也就习以为常了。有时，因为怕店主不让我们进去，我们就装着买东西的样子，然后悄悄地调查，把发现的错别字记在心里。这不，我们又走进了一家商店。一位售货员问我们："买什么？"我们说："不买什么，看一下。""不买东西进来干什么"我们没有说话，仍然在仔细地察看着商店里的每一个字。她讨了个没趣，一个人走到一边坐下了。我们又找到了几个错别字，心里十分高兴。我们冲着她笑了笑，出了店门骑上车神气地走了。

不很长的一条街，我们走走停停，两个多小时才做完了调查工作。

第二天，我们八组全体学生开会，把各人查得的错别字汇总，竟然有一百多个字（还不算重复的）。于是，我们写了一份调查报告，还把错别字归类画了一张表，然后油印了几十份。我们把这些调查报告分别送到了教育局、文化局和各个有错别字的商店。

最后，我们手抄了一份调查报告寄给了《乐山报》。信寄出后，我们天天等着，天天在《乐山报》上搜寻着。过了十几天，一个早晨，我们收到一封厚墩墩的信。我们看见信封上的寄出单位是报社，高兴得跳了起来。撕开一看，里面是四张同一天的《乐山报》。我们在报上飞快地找着。"找到了！这儿！"我们兴奋地叫了起来，看着报上印着我们的名字，心里甜滋滋的。这篇调查报告虽然不长，但它凝聚着我们的劳动，表达了我们对正确使用祖国语言文字的社会责任感。

的确，比起单纯地让学生把容易错的字抄十几遍，这样让学生在社会生活中掌握语文知识并提高语文实践能力，应该说更有意义。

我调到成都玉林中学后，又在班上组织过街头错别字调查活动。我发现，随着经济的发展，社会用字量急剧增多，而有关人员的文化素质却没有相应地提高，因此比起十多年前，街头出现的错别字越来越多了。*1995 年 12 月*，我班学生经过广泛调查写成的《成都街头错别字调查报告》被醒目地刊登在《成都商报》第一版，编辑为这篇文章改了个题目并以黑体字标出：《娃娃们在呼喊：蓉城街头错字知多少？》。

后来，渐渐形成的对社会语言使用的敏锐感使学生发现，这种现象远远不止在街头，也包括公开出版的报纸、刊物和书籍，电台、电视台的播音员和主持人也经常把一些常见字的字音读错。于是，我的学生又开始了对这些领域的调查。他们有的连续一个月跟踪阅读某一份报纸，有的长期坚持收听或收看某电台、电视台的某一栏目，对其中的语言错误进行记载，然后写成文章直接寄给有关媒体。

现在，我又要求学生把寻找错别字的火眼金睛对准自己的作业本、作文本、日记本等，然后定期写出《一月（周）来我的错别字统计》……

请安徒生帮我"破案"

下午一放学，罗兰找到我："李老师，我的《恰同学少年》不见了！"

《恰同学少年》是我为上届毕业生编的一本"班级风采录"，现在初一不少学生也有了这本书。今天罗兰领到书后放进书桌里，便去上体育课，可当她从操场回到教室，却发现这本书不翼而飞了。

正巧我第二天要讲《皇帝的新装》，我略一思考，决定向安徒生"求援"，请安徒生帮我"破案"。于是，我开始重新设计教案。

课堂上，朗读、作者介绍、结构分析……学生熟悉课文后，我引导学生讨论："大家想想，这篇童话中，谁最可爱？"

学生不假思索地齐声说："那位小男孩。"

"为什么？"

学生纷纷回答："因为他说真话。"

"大家说得很好。可是，为什么只有小男孩能说真话呢？"

"因为他诚实。""因为他纯真。"大家七嘴八舌。

　　"对，因为小男孩诚实、纯真，因为他有一颗——"我一边说一边在黑板上板书两个大字，同时全班学生不由自主地随之大声说道——"童心"。

　　"是的，童心。小男孩有一颗童心，所以他说真话；大人失去了童心，所以自欺欺人。"

　　面对学生凝神专注的目光，我把话题拉回到他们的身上："一个人最可贵的是永远保持自己的童心，你们这个年龄正是童心容易失落的年龄。小学时，你可能为没能第一批入队而哭鼻子，而现在你可能连红领巾也不愿戴了；以前，你也许常主动争取打扫卫生，而现在你可能嘲笑别人做好事；原来，你损坏了公物会向老师主动认错，而现在如果你打碎了玻璃窗也许会庆幸没人发现……这些，都是童心的失落。"

　　我终于提到那本丢失的《恰同学少年》："这本书是谁拿的，我无法清查，但我可以断定这名学生正在听我讲关于童心的道理。是的，这名学生的童心已经失落了，但我仍然衷心希望，他能用自己的行动把童心找回。我期待着，全班学生也盼望着。"

　　第二天早晨，我走进办公室，发现办公桌上正放着那本丢失了的《恰同学少年》。

　　语文课又开始了，我站在讲台上手举那本《恰同学少年》对全班学生说："我不知道是谁还回了这本书，不过，这已经不重要了。我提议，请大家以热烈的掌声祝贺我们中的一名学生找回了自己的童心。"

　　在震耳欲聋的掌声中，我把《恰同学少年》送还给罗兰同学。她接过书，对我说："谢谢李老师！"我说："不，我们都应该感谢安徒生，是他帮我们中的一名学生找回了自己的童心。"

我们的"思想节"

　　在鲁迅先生逝世50周年纪念日（1986年10月19日）这一天，

我班搞了一次融思想教育、思维训练和能力培养为一体的主题班会活动——思想节。

这次班会是以纪念鲁迅为主要内容的，为什么叫做"思想节"呢？这是为了使这次班会活动的内容更丰富，涉及面更广泛，不仅仅局限于纪念、学习鲁迅，还包括了解、学习古今中外其他大思想家。而且"思想节"的"思想"二字，还点明了此次活动的目的是通过了解、纪念思想家而活跃思想、启发思考、训练思维。

班会前我做了这样一些准备工作：一是确立"思想节"的主题——学习鲁迅，振兴中华；二是确定"思想节"活动的具体内容：由学生扮演的思想家发表简短演说，开展鲁迅知识竞赛、社会问题讲座或辩论赛；三是分别向学生布置任务，进行具体筹备。例如：请思想家的扮演者了解有关人物生平事迹，阅读有关名言警句，在此基础上准备讲演词；请参加鲁迅知识竞赛的学生查阅有关资料；请全班每名学生都准备一些可供讨论或辩论的社会问题。

"思想节"这一天，教室被学生布置得庄严、朴素而又美观、大方。黑板上"思想节"三个红色大字十分醒目，它的上方画着我班班徽；两边墙上挂着鲁迅、居里夫人、爱因斯坦、歌德等名人的肖像；教室后面的黑板上写着"民族魂"三个大字和毛泽东同志评价鲁迅先生的一段话。

"思想节"由四位班干部共同主持。

在极为热烈的掌声中，由6位男学生和6位女学生扮演的12位思想家走上了讲台，微笑着向大家频频挥手。"这位是马克思，"主持人向大家进行介绍，"毛泽东、鲁迅、爱因斯坦、郭沫若、居里夫人、罗莎·卢森堡、向警予、江竹筠、张志新、秋瑾……"

教室里响起一片欢呼声。

"各位女士、各位先生，你们好！"扮演马克思的程桦颇有风度地开始了演说。他谈到了对中国的敬仰："我终于来到了中国，这是我一百多年前就向往、关注的东方文明古国。"他谈到少年时代的立志："17岁时，我曾在一篇作文中写道：'如果我们选择了最能为人类福利而劳动的职业，我们就不会被它的重负所压倒……'我们的事业并不显赫一时，但将永远存在！"他谈到了马克思主义的发展："我十分高兴地看到，以毛泽东为代表的中国共产党人在实践中丰富发展了我的学说，把中国革命推向前进，在世界上人口最多的中国建立了社会主义制度，现在，以邓小平为代表的中国共产党人又以建设有中国特色的社会主义的伟大壮举而开辟了国际共产主义事业的新纪元。"最后，"马克思"以一段气势磅礴的话语结束了演说："不管怎样，我坚信：共产主义革命必将胜利。在这场革命中，无产者失去的只是锁链，他们获得的，将是整个世界！全世界无产者，联合起来！"

彭涛扮演的鲁迅谈到了改革的艰难："……我以为，改革在中国向来不是一件易事，所以我时常害怕。"说到这里，他突然提高了声音。"愿中国青年都摆脱冷气，只是向上走，不必听自暴自弃者说的话，不必理会这冷笑和暗箭。能做事的做事，能发声的发声。有一分热，发一分光，即使如萤火虫一般，也可以在黑暗中发一点光，不必等候炬火……"

"思想家"一一上台，他们热情洋溢、富于哲理而又各具特色的精彩讲演，博得了一阵阵掌声。

讲演完后，是鲁迅知识竞赛。竞赛方式是由两名学生上台，你一言我一语地说出各自了解的有关鲁迅的知识，比谁说得最多。

"鲁迅，原名周树人。"喻建中最先开始。

"我们学过的鲁迅作品有《一件小事》《社戏》《故乡》《从百草园到三味书屋》《藤野先生》等。"何萍毫不示弱。

"鲁迅的第一篇白话小说是《狂人日记》。"

"鲁迅曾是光复会会员。"

"鲁迅有一句名言：什么是路？就是从没路的地方践踏出来的，从只有荆棘的地方开辟出来的。"

"中国工农红军长征胜利时，鲁迅曾给中共中央发去贺电。"

"毛泽东同志曾这样评价鲁迅……"

"解放后，改编成电影的鲁迅作品有《祝福》。"（电影《祥林嫂》）

......

最终，何萍到底"败下阵来"。另一名女学生罗晓宇主动站了上去，同依然从容不迫的喻建中"较量"：

"鲁迅出生于 *1881 年 9 月 25 日*。"

"鲁迅逝世于 *1936 年 10 月 19 日*。"

两名学生在讲台上竞赛，大家在下面不断地插话补充。内容越来越广泛，气氛越来越热烈。在这紧张而活跃的竞赛中，大家既学到了知识，又受到了教育。

接下来的"社会问题讨论"，把这次"思想节"活动推向了高潮——

"鲁迅最令人敬佩的是他对中华民族弱点的深刻剖析，这使我想到现在的改革……"彭涛侃侃而谈。

"我想谈谈生活中'小草'与'大树'的关系问题……"吴涛滔滔不绝。

......

热烈的讨论变成了激烈的辩论，涉及的问题越来越多。大家的辩论针锋相对，但每一名学生的胸膛内都跳动着一颗赤诚的中国心。

"思想节"快结束时，主持人宣布："最后，让我们欢迎应邀到会的李向南同志作总结发言！"

"李向南？"大家正在惊异地东张西望时，我从容地走上了讲台："我就是李向南，古陵县委书记。"

大家恍然大悟，一下笑了起来。

我很庄重地对大家说："由于在古陵县改革受挫，我改行从事教育了。但这绝不是退却，而是另一种形式的进攻——我立志培养出一大批超过李向南的改革家，去改造我们的社会。参加你们的'思想节'，我很兴奋，我坚信：未来跨世纪的思想家、改革家、科学家一定会出自你们之中。"

"哗！……"回答我的，是一阵春雷般的掌声。

"思想节"虽只是一种小小的班会形式，但它对学生所产生的思想教育、能力培养的效果却是全面、广泛而又潜移默化的。

第三章

李希贵的教育智慧

教师完全可以道歉

1980 年 12 月，大学毕业的第二天，我来到了坐落在潍河东岸双羊镇的山东省高密县第四中学，开始了我的教学生涯。

这是一所只有 9 个教学班的农村高级中学，招收的学生大多是农民子弟，学校在当地以吃苦耐劳声名远扬，"严格、严肃、严谨"的"三严"精神，是学校引以自豪的传统。

报到的时候，正是县里召开高考表彰会议的前夕，四中被指名在会上介绍经验，典型材料还没有写好。校领导一见来了个中文系毕业的大学生，二话没说，就把写材料的任务压给了我，这下可难坏了我。不用说总结高考经验，就是让我谈谈教学常规也不见得在行，再加上人生地疏，对情况不熟悉，这经验可怎么总结？领导一直安慰我说，不要紧，材料的框架县里都给定好了，就是 3 大块：管理要严格、教育要严肃、教学要严谨。只要把握这个大路子，就没什么大问题。没有退路，我只好把能够收集到的关于四中的文字材料，搬到我的宿舍，然后仔仔细细地阅读、体会。拼了几天，算是完成了任务。

到县里送材料交差很顺利。据说原因就是"三严"精神把握得很到位。后来才知道，写作的过程其实就是对我教育的过程。我是这所学校恢复高考后分配来的第一位大学生，怕我吃不透校情，思想不到位。写总结材料，既让我了解了学校，同时也大概地了解一下我的情况，起码是文字方面的水平。

这个过程，事实上对我产生了深刻的影响，教育是什么？教师应该怎样做？教学又是怎么回事？从那几天的深入阅读中，我得出了第一印象，而这"第一印象"一直作为我教学的底色，深深地影响了我好多年。

可见，教育无痕，有效的教育是把教育目的隐藏起来的教育，是不动声色的教育。

我开始为自己找一些"道具"，做一些伪装，力图把自己装扮得"厉害"一些。因为，好多迹象告诉我，在这样一个校园里，"厉害"其实就是优秀的代名词。

于是，在教室、学生宿舍、运动场，甚至学生食堂，我必须时刻保持着"厉害"的模样，严肃、冷峻、不苟言笑。

可是，时间长了，我渐渐发现学生并不买账。

一个星期天傍晚，上晚自习了，可班里的团支书和另外几名女学生没来上课。团支书各个方面在班内都堪称楷模，今天竟然也旷课了，我有些生气，站在教室门前，想来个"守株待兔"。果然，不一会儿，几名女学生急匆匆地从校门口跑过来。我对她们进行了一番批评，她们几个都站在教室门前哭了。

下晚自习了，团支书和一名女生走进我办公室。她们两个的眼睛还有些红肿，站在办公桌对面，显得特别镇静。原来，她们是为了送同宿舍的一名学生到医院急诊才迟到的。当她们把病号安顿好，住上院，满心快慰地赶回学校时，满以为能得到老师的肯定，没想到老师连解释的机会都不给……

我一下子懵了。面对两名可爱的学生，我好长时间无言以对。她们两个也把头埋在胸前，我实在想不出什么恰当的语言，最后，只好鼓起勇气说："看来还是老师错了，真是对不起你们了……"

她们有些不知所措，想说些什么，可什么也说不出。到最后，团支书说了一句叫我印象深刻的话："老师，您可不能说对不起，再怎么说，错误也是我们当学生的。"

真奇怪，她们越是这样，我反而越是内疚。我把她们让到对面的椅子上坐下，向她们认真地检讨起来，一直到她们那惊奇的眼睛变得兴奋，并且，像同行一样和我交流起来。

和学生平等地坐下交流，才知道她们并不是小孩子。其实，她们有好多想法，甚至不乏真知灼见。那个晚上，我们谈了好多好多，聊到很晚。我开始重新认识自己，重新认识学生。原来，教师完全可以道歉，教育完全可以在平起平坐的状态下进行，除了"三严"精神之外，道歉还有这么大的威力。

我开始思索，究竟什么样的师生关系才是有助于教育成功、有助于学生发展的，教育活动究竟应当建立在什么样的人际关系框架里才是真正高效的和有活力的，教师的民主意识对于学生的情感、态度、价值观的形成有哪些益处。

"六角钱"的招领

1996 年秋，6 角钱让德育处的老师有点儿为难。

一位高一新生在校园的小路上拾到 6 角钱，交到德育处。按说，这是一件很自然的事情。

可是，德育处的周老师拿在手上，放桌上不是，放兜里不是，最后交给了薛主任。

接过这皱巴巴的 6 角钱，薛主任心里也犯了嘀咕：6 角钱，在一般人看来，显然不值得招领。可是，在这背后不是有一个更大的问题吗？失物者肯定是我们的学生。假设在校园里丢失的哪怕是更少一点儿的东西，一丢就没有了踪影，那会给我们这名学生留下怎样的印象呢？校风的建设都是通过这些看上去不起眼的小事来完成的，小事不小。

小题大做，他在橱窗里挂出了一张招领启事。怕无人认领，他还犯了写招领的忌讳，把钱数也公开写了出来。

可是，写出来还是照样无人认领。

后来，我们却在一位考入大学的学生发表的习作中，找到了失主，但已经是 3 年以后的事了。

原来，这名学生因为钱数太少，又因为招领启事公布了钱数，她不好意思领取，但这件事却让她久久难忘。

对教育来说，这就够了。

从扶贫到励志

1996 年春天，学生会的学生成立了一个"小小废旧回收站"，对学校的垃圾进行分拣，然后，把能够回收的物品梳理出来卖到回收站去。

从教育的角度看，"小小废旧回收站"可谓一举多得：既及时清理了学校的垃圾，又培养了学生热爱劳动的习惯，同时还在保持贫困生自尊的情况下帮助他们解决了生活困难。

由"回收站"开始，我们陆续设置了 46 个助学岗位，包括图书管理员助理、食堂勤杂工、卫生间保洁、植物园园丁等岗位。

张勇，一个来自贫困农村家庭的孩子，在参加勤工助学之前的半年多时间里，从来没到餐厅买过菜，因为他"喜欢"吃咸菜。后来，他参与了学校第一批勤工助学活动，自选了卫生间保洁工作，这也是所有岗位中收入最高的岗位。对他来说，这个岗位不仅意味着他能够维持正常的学习与生活，而报酬之外的东西也许更有价值。他在北京大学读书期间的一篇随笔，也许能给我们一些启发：

> 高密一中的勤工俭学经历，是我一生中永远不会忘记的。无论在失意还是得意的时候，我总能想起那时所感受到的点点滴滴，这也是我不断向前迈进的动力。
>
> 那时我申请的勤工俭学岗位是打扫男厕所。打扫起来费劲倒是其次，关键是如何面对大家的目光。很多同学开始还不知道怎么回事，以为我犯了错误，被罚打扫厕所。后来，他们发现我天天在打扫，就用异样的眼光看我。现在回忆起来，或许

是我自己的心理作用吧，自己总是感觉如芒刺背，紧张的汗水总是不自觉地流下来。那或许是一种屈辱感，抑或夹杂着自卑感。我要利用课间和课外活动的时间打扫厕所，每天三遍，要是不合格会被检查的老师叫出去返工。每次打扫完厕所，我都会很累，主要是心累。这种情况在几个月过后才慢慢习惯起来。那个时候，勤工俭学一个月可以拿60元的收入，正好够我的生活费，我舍不得全花掉，还能拿来买点儿喜爱的书读。

我想，李希贵老师是细心的人，他肯定明白我的心理感受，但是，他不说破，只是在一次街边偶遇的谈话中告诉我：只要是自己决定做的事情，就一定要认真负责地做好。挺直了腰杆认真踏实做事的人，靠自己的力气吃饭的人，不会有人瞧不起。

李老师的话给了我很大的安慰，同时也让我对自己的勤工俭学工作有了新的看法。从此我就更加细心地去履行自己的职责，而且对同学也是笑脸相迎，没有了自卑感。我的成绩也开始在年级名列前茅。

现在想想，那么多的困难都挺过来了，人生还有什么不能承受的呢！

现在，张勇已经读到博士了，但我们相信这一段经历对他而言是一生可以享用的精神财富。

有一位干部家庭出身的女孩李林泉，在"人生的价值"读书报告会上，被一位参加勤工助学学生的演讲所打动，她也主动要求参加勤工助学。后经调查，才知道她的父母都是国家干部，家庭并不困难，当时老师没有同意她参加勤工助学，可她却诚恳地说："老师，我不要钱，我要用自己的劳动所得来帮助家庭困难的同学。"于是我们就给她安排了一个勤工助学岗位，每次她都把学校发给的劳动报酬全部送给班里家庭最困难的同学。

她不是为了扶贫，而是为了励志。

一次错误的表彰

1997 年 1 月，刚过元旦不久，我收到了一封来信。

李老师：

您不一定记得我了，但我却怎么也忘不了您。今天上午全军嘉奖会上，面对着首长递给我的烫金证书，使我又回忆起了高中生活的一幕。

那还是在高二的时候，我把学习搞得一塌糊涂。为了给爸妈一个交待，我把成绩单的成绩给改了。可这事不知怎的被班主任知道了。我怀疑这事一定是坐在我前面的王田打的"小报告"，于是，我便和我的哥们儿计划找机会整治一下王田。

机会来了。那是一个星期六的下午，我们哥们儿几个一起骑着自行车刚出校门口，就发现王田跟了上来，车子后面带着一个足有一百多斤重的大口袋。我们一使眼色，放慢了速度，当王田赶上来的时候，我们本来单行的自行车一下子并排起来。王田一愣神儿，连人带车滑到了路边的小水库里。

我们一齐跑远了，可后来听到呼救声，又想起王田根本不会游泳，万一出人命，事情就闹大了。这才跑回去，捞起灌了半肚子水的王田送到了医院……

为这事，学校专门为我们召开了表彰大会。李老师，那天在主席台上，我胸前的红花是您给戴的。当时我的脸红得要命，因为我心里有愧……表彰之后，我们几个"英雄"一直非常羞愧。我们寻找一切可以用来弥补我们过失的事情去做，我们努力改变着自己的坏习惯……因为，我们必须对得起那一次"错误的表彰"。

我一下子记起来了，那还是七八年前我在四中时发生的事情，是那个顽皮的王林，从高一到高二就受了两次警告处分。那次"见义勇为"之后，为这个表彰会，学校领导的意见并不一致，是我一再坚持"发展"地看一名学生，才开了这个表彰会。而且，表彰会后，这几名学生还真的变好了。

这封信让我思考了很长时间。批评处分解决不了的问题，一次错误的表彰反而收到了意想不到的效果。

如果我们站在学生的角度思考，对于一名成长中的学生来说，失败固然是成功之母，但我们更加坚信，成功更是成功之母。

多一把尺子就会多出一批好学生

1997 年春天，一个双休日，我在公园门口碰到了一位朋友，他带着正在我们学校上高一的儿子，要到公园去玩。

这使我非常惊讶。因为我知道他在一个企业做销售公司经理，忙得不可开交，哪还有逛公园的时间和兴致。见我迷惑不解的样子，他不好意思地告诉我，儿子在学校里评了个"优秀科代表"。这孩子过去管得少，学习一直上不去，上学整 *10* 年了，除了在小学得了一次小红花，这是他第二次获奖。说好了的，只要学校奖励他，我们也奖励他，这逛公园就算是对他的奖励了。

由这件事我想到了我们的评价机制。

过去，我们用来衡量学生的尺子只有一把，那就是学习成绩。在这唯一的衡量标尺下，大部分学生成了失败者。教育是农业，不是工业。工业的特征是流水线、标准化，而农业的特征是生态化、多元化。学会用生态的、多元的观点来看我们的学生，我们就会发现大树有大树的风采，小草也有小草的魅力。地球正因为生物的多样性，才显得如此生机勃勃、如此美轮美奂。

这一年，在我的坚持下，高密一中破格录取了一个名叫贺明的学习成绩落后的学生。录取原因很简单，他的国画画得特别好。进入一中以后，老师却发现，这是一个不大守纪律的学生。有的老师对贺明失去了信心，认为他不堪造就。

我找贺明聊天。原来，他的父母在青岛工作，自己寄居在亲戚家，由于缺乏父母的教育，养成了不良习惯。于是，我给他布置了一个特别的作业——让他选一张自己最满意的国画交上来。第二天，贺明把作品交上来了。第三天，大家意外地发现，这幅国画已用最好的铝合金镜框镶嵌后悬挂在校园的显眼处。后来，我又把他的几幅作品展示在全校学生面前。

"我是一个好学生！"这巨大的成功使他备感自豪和自信，从此，他加强了自我要求和自我约束，发奋努力，学习突飞猛进，被评为学校"百优中学生"，并获得山东省文学艺术博览会书画类一等奖第一名。后来，他考取了一所美术院校。上学期间，他就在高密、青岛、成都等地举办了个人画展。

增加了评价的尺子，就让更多的学生体验到了成功，从而使他们做一个好学生的愿望得到满足。这些心理因素对他们取得新的成绩又起到了进一步的推动作用，从而形成了一个良性循环。

高密一中美术特长生刘琦考入了清华大学美术学院，书法特长生单春晓考入了中央工艺美院，在校以设计为专业的张涵、李常艳考入了北京服装学院，林萌考入了西安美术学院摄影本科班。1997 年以优异成绩考取北京服装学院服装设计专业的张静同学，荣获 2000 年国际服装设计大奖赛金奖（该奖项获得者中国赛区共有两名）。丹麦政府为获奖者提供全部费用，到欧洲各国进行为期一个月的考察学习，同时北京服装学院奖励学生本人 1 万元人民币。

这些学生的文化课学习在校期间都不怎么突出，有的甚至属于后进生，但由于我们增加了评价的尺子，在老师眼里他们都成了人才，而且最终他们也都取得了在他们这个年龄段堪称辉煌的成功。

用"比值"衡量成绩

1996 年夏，刚放过暑假，高二的一名女学生叶翠芳给我写了一封长信，信中的一段话引起了我的注意：

> ……我爸妈都是大学生，所以整个家庭对我的期望很高。上学期期末考试，我考了 630 分，和我们班的第一名权相差 40 多分，这是我最好的成绩，我为此而高兴。可是，当我回到家里，兴冲冲地把成绩告诉爸妈的时候，不曾想，他们不知通过什么渠道，早就把我们全班学生的成绩全搞到手了，而且把我在班里的名次都排得一清二楚。从他们手上的成绩单看，很明显，我比上次考试又降了三个名次。

> 我自己也有些吃惊，但这却是无可更改的事实。我只能说，我们班的学生实在是太厉害了，我自觉进步不小，但他们进步更大。

> 他们的进步不能掩盖我的进步，我希望爸妈能正视这一点，结果，他们根本不给我讲理的机会。一句话，名次下降就是成绩下降，为此我们吵架了……

当时，我们已经开始了导师制的试验，一位老师要带三名以上的学生作为自己的朋友，叶翠芳就是我带的学生之一，她的进步我可以证明。

我找来了她的家长，当然，用一个校长的力量是比较容易给老师解围的。

但是，众多的叶翠芳式的学生，有谁给他们解围？

我并不同意那种完全对学生封锁成绩的做法。那种认为素质教育就是把学生一切成绩封闭起来，让学生既不了解别人的成绩，也不清楚自己的成绩在班级中的位置，是一种不负责任的态度。

当我把这一想法与教导主任李天金交流的时候，恰好他也一直在思考这个问题。没过几天，他想出了一个用"比值"衡量学生成绩的点子。

这个"比值"法的具体做法是，每次考试后，把本年级前五名学生的平均成绩确定为 1，其余的学生则以自己的成绩除以前五名学生的平均成绩，所得的商即为自己的比值。这种评价办法不同于名次的评价就在于，引导学生更加注重自我评价。年级前五名学生的平均成绩一般都能稳定在一个水平上，因而学生历次考试的这个成绩的比值往往能比较客观地反映出自己的进退。有的时候可能名次并没有提高，但与自己相比则可能有了明显的飞跃，而这个就是通过"比值"来体现的。

"比值"法的使用，使学生能够在不公布成绩、班级不排名次的情况下，比较客观地了解自己学习的进退，而且淡化了名次效应，使学生不用整天左顾右盼，过分关注别人成绩的升降进退，而是把精力放在了对自己学习成绩的审视上，扬长避短，查缺补漏，不断地完善自我。

一项小小的改革，把学生的目光从横向比较转移到自我关注，学生似乎变得沉稳了许多。

点名达标活动

1996 年国庆，各班的晚会搞得有声有色。

高一（11）班的学生把幼儿园小朋友的"击鼓传花"游戏拿到了班上。不过，他们是用旧瓶装新酒，创造了一些新的内容。其中之一就是，接到"花"的人，要向上一个接"花"人说一句鼓励的话，而且这句话要与他的名字有联系。

进行了两轮，气氛越来越热烈，不知是大家有意安排还是偶然巧合，鼓点一停，"花"正落在他们的班主任谭老师手里。

谭老师是学文科的，所以他干脆来了一首诗，而且，把一名学生的名字完整地嵌入其中。他的男中音刚落地，全班学生哄堂大笑起来。

原来，老师张冠李戴，把另一名学生的名字嵌进去了。

谭老师一尴尬，晚会气氛反而更高涨了。

其他人并没有在意，在意的是那位被认错的学生和我这位校长。"亲其师才能信其道"，开学都一个月了，班主任还认错学生，何谈"亲其师"，又怎能"信其道"？

可我们什么时候要求过教师必须认识学生？

如何尽快拉近师生间的距离，让教师尽快地熟悉学生？我们在高一各班和高二、高三科任教师有调整的班级中开展教师对学生的"点名达标活动"。

新学年一开始，我们首先公布活动方案，引导广大教师在教育工作中有意识地通过各个教学环节，接触学生、了解学生、熟悉学生。

为了保证这一活动的实效，我们同时开展教师给每名学生找三条优点，每天表扬三名学生或表扬三次学生等活动。这个活动给大家带来很深的感受，过去不怎么注意表扬学生，更谈不上为表扬学生而备课，这次活动却改变了大家的习惯，为表扬学生而备课成为工作的必须。

批评学生一节课，不需要备课；而表扬学生一节课，哪怕备一周课都难以办到。

开学第四周进行第一轮活动，教师能面对学生叫出全班学生的姓名方能达标，第八周则面对学生的后脑勺点名方能达标。到一学期结束，教师则能说出所教学生的家庭、个性、爱好等情况。这样，不仅在较短的时间内缩短了师生间的距离，而且活动的过程也启发了教师，使他们真正感受到了热爱的力量。当然，活动是以游戏方式开展的。

有位教师还创造性地画出了"学生在我心中：学生住址分布图"，还有一位教师把作业簿的封面变成了学生情况登记簿，每批改一次作业即熟悉一遍学生，收到了很好的效果。

其实，这不仅仅是一个记住学生名字的活动，在这一活动的背后，我们希望唤起的是教师对学生的爱，我们希望架起的是师生心灵沟通的桥梁。

尊重选择与张扬个性

实验开始，让学生进入原来的阅览室。

阅览室里，图书报刊琳琅满目，把学生放进去，犹如把小船放到了茫茫大海上，教师担心学生会迷失阅读的方向。于是，有人提出，应该统一学生的阅读范围，而且，在每堂课上，大家应该阅读同样的内容，这样也便于教师辅导。显然，这又把自修室变成了教师主宰的课堂。

我提出，必须充分尊重学生的选择。首先，帮助学生确定"阶段阅读书目"，不同的年级读不同的书籍，不同的阶段读不同的文章。其次，为了节省学生选择的时间，我们又提供了特色阅览室：有以散文为主的，有以小说为主的；有适合高一新生的，也有适合高三学生的。

可是，马上遇到了新的问题。有教师发现，有些学生读书写作开始"走偏"。例如：喜爱《红高粱》的纵横驰骋，于是连《百年孤独》也反复咀嚼；爱好细腻的，不仅读冰心散文，连婉约词人也研读一个遍……

很明显，这和我们长期以来的教学习惯发生冲突。过去我们一直习惯于找平衡，削长补短。文笔凝重的，我们偏要他添几笔亮丽的色彩；喜爱"小桥流水"的，我们偏要他读"大江东去"。

其实，每一名学生都有各自的兴趣、特长。尊重学生的个性、特长，也就意味着为学生提供了自由广阔的发展空间，也就意味着学生的精神生命能够自由呼吸。

后来的实验证明，尊重选择恰恰使选择者萌发出强烈的内在的责任感，使之真正清楚学习是他自己的事情，这样他才有可能不断地反省自我、修正自我、完善自我。在我们的语文自修课上，学生读的文章互不相同，写作实践也各具特色，但学生最终收获的语文素养却是相同的，正所谓"条条大道通罗马"。

现正在北京大学攻读博士的咎涛，回忆起自己的高中生活，曾深有感触地说——

"高密一中的课程里，给我印象最深的就是'语文实验室计划'。坦率地说，这种开放式的自由阅读和写作，除全面提升了自己的语文综合素养之外，我感到最重要的收获是培养了我的自学能力和对自由的热爱。在这个世界上，最缺乏的莫过于独立的思想和自由的精神。而这种东西的培养绝不是靠引进西方的理论就够了，而是在学校尤其是中小学就应该给学生一定的时间和空间，让他们学会在自由的时空里独立思索和成长。学校和老师的作用不再是控制和支配学生，而是去诱导和指引他们的选择。这种实践意义上的独立与自由，才能够真正影响人的一生。"

一项小小的学科改革实验，却影响了学生一生的精神追求，这值得所有关注学生成长的人们深思。

"文章是流出来的"

"语文实验室计划"一开始启动，就赢得了学生的欢迎，而且一位学生还因此转入了我们学校，她转学的唯一理由就是在一中上语文课可以看一些自己喜欢的名著。

当然，奇怪的事情也时有发生。高一（6）班的一位学生却自称"不敢读书"。因为，他最怕读书之后教师的"附加项目"。

原来，这名学生有一个对他要求特别高的妈妈。他只要读书，妈妈就一定要他写读后感；只要是外出旅游，就必须写游记；只要是看电影，就要写观后感……

恰好这个时候，我们的校刊顾问，也是我们学校特长导师团的导师、著名作家莫言来到了学校。当学生记者就写作的话题采访他的时候，他告诉大家说："文章是流出来的，我的小说是我体验的结果。"他主张学生应该到生活中寻找写作的激情，把体验当成写作的源泉。

莫言的话给了我们极大的启示。我们随即把自修课中的写作课调整为语文实践活动，让学生在实践中获取写作的冲动。我们提了个响亮的口号：写你想写的，让文章从你心里流出来。

果然，记者团的学生把采访的过程"流"出来，竟成了生动活泼的好文章；足球队的学生把挫败的原因分析出来，就成了深刻而充满哲理的论说文。

首届艺术节后，语文教研室举办的"我与艺术节"征文活动，更叫教师大开眼界，许多平时视写作为洪水猛兽的学生也情不自禁地"流"出了许多佳作。下面就是一名不擅长写作的学生写的《艺术节记事》：

> 文化艺术节已过去四天了，也许那欢腾的节日气氛已离我们远去，但过艺术节的那种难忘的感受和情景将会永存我的心底。将它翻拣一番，整理出来，也就成了这篇《艺术节记事——喜怒哀乐四部曲》。
>
> 　喜
>
> "哇噻！15、16日要过艺术节！"这一消息使得每个人的脸上都绽放出了笑容。虽然还有几天才到15日，可那浓厚的节日气氛已在每个人的言语、行动上显现出来，可以说，每个人的心里都充满了喜悦，每个人的脸上都写着高兴。瞧吧！由我们班承办的拍卖会的组委会成员张罗着拍卖的物品；而参加手工制作展览的学生更是马不停蹄地赶做漂亮的幸运星、小风铃；还有烹饪一条街的小厨师们，也都忙得不亦乐乎。可是，事情往往都不会一帆风顺，这不——
>
> 　怒
>
> 真没想到，我们班主任亲自到团委申请的精品影院竟然会招来主办班级的非议。可以说这样一句话：竞争是激烈的，也是残酷的。我们应学会在竞争中生存，据理力争。你们开你们的放映厅，而我们的精品影院与你们并无冲突呀，不服气的话，可以光明正大地来竞争！我们班的不少同学都义愤填膺，恨不

得马上和他们理论，还有的说要"驳他们个体无完肤"呢！这本应欢欣愉悦的节奏中的小插曲确实令我们怒气冲冲，但主旋律仍然是欢快的，不是吗？但也有——

哀

盼望已久的艺术节终于拉开帷幕，最令我期待的当然是可以一饱口福的"烹饪一条街"了。傍晚，我拉着同伴到了早已热闹非凡的一条街。怀揣十元大钞，我向目的地——我们自己班冲去。唉，悲哉！刚走了几步，就被一个相识的同学逮住，非要我买她的羊肉串，没办法，掏钱吧！继续向就这样，几十米的路，我竟将十元钱花得只剩八角！到了我们班，也只有买杯白开水的份儿了。但毕竟，还是哀中有——

乐

好棒！歌舞晚会精彩纷呈，卡拉 OK 大奖赛好歌连台，萨克斯咖啡屋温馨清静，化装舞会、烧烤屋等更是令人流连忘返。和朋友一起开怀畅"玩"，真是悠哉亦乐哉！当然最令人高兴的还是为希望工程献爱心活动取得了圆满成功，为希望工程的各项捐款高达几百元。

不管怎么说，文化艺术节已经结束了，我们应该把玩心收敛，重新投入学习中去。我想有一点是肯定的，艺术节，在我们每个人的心里，都会成为永不褪色的记忆！

对一个高中生而言，这样的文章算不上什么上乘之作。但其洗练的文风、生动的语言、真实的表达，是令人感动的尤其是，当它出自一个过去一直惧怕作文、语文成绩居班内下游的学生之手，我们更是不得不对此刮目相看。

说你想说的，写你想写的，让写作成为情感的一种自然的表达方式，成为生活的一种真实的需要，学生就不会再惧怕写作，就会喜欢写作，语文能力的快速提升也就从这里开始了。

语文学习就是如此简单。

自修楼中的自主学习

"语文实验室计划"带来许多学科的教学革命。英语教学首先引入了自修的理念，泛读课的收获不仅是语言方面，更重要的是文化层面的积淀。

历史课紧随其后。历史课的背景教学与知识网络化构筑工程给学生更多的时间和学习的自主权，"民主化课堂"教学实验更是调动了学生自主学习的积极性。自修，成为学生学习历史的重要方式。

地理课的"我来设计旅游路线""跟丁丁去历险"，从根本上打破了沉闷的课堂。

就连数学、物理、化学甚至美术课，都提出了建立学生自修室的要求。

这样，原来的几间自修室已远远不能满足学生的需要了。于是，在 1997 年，高密一中的学生自修大楼破土动工。

自修楼总建筑面积为 4 800 平方米，可以满足 1 600 名学生同时自修。内设十多个语文自修室和英语、历史、地理、生物包括数学在内的 30 多个自修室，这里成为真正的学生自主学习的乐园。

随着各个学科教学改革的深入，许多学生的学习方式发生了根本性的变化。他们从自主学习中体验到了乐趣，有了传统课堂上没有的收获，于是对学校提出了新的要求。他们希望学校能最大限度地给他们创造自主发展的机会，从传统课堂中解放出来。

于是，我们又进行了一次更大胆的改革，让部分学有余力的学生在老师的指导下，在正常教学时间进入自修大楼。条件就是，如果他们感到课堂上的授课已经不能满足他们的需要了，作业与练习不再具有挑战性，他们即可以经过教师批准进入自修大楼自主学习。下面是我们的自修室使用规则。

高密一中学生自修室使用规则——

自修室供持有"自修证"的学生使用，学生必须制订自修计划，经班主任和级部主任批准后方可自修。

未取得自修证的学生须凭"自修联系单"到图书馆办公室报到签字后方可自修。考勤由自修室老师负责。

学生可以阅读自带的资料，也可自由选择自修室的图书报刊，图书报刊阅后应放回原处。

自修的学生实行自我管理的办法，每天安排值日生，设值日班长，负责范围：①纪律；②卫生；③开关门窗、电暖；④每天向管理人员汇报情况。

学期末教导处将对登记自修的学生逐一考核调查，并将结果反馈到级部，自修成绩纳入学业综合成绩。

自修室开放时间：除休息日之外的全天。

后来我和一些高密一中的毕业生交谈，说起喜欢学校的理由，几乎所有学生都把能够不受约束地在自修楼里自修列为第一。

自己发现的东西才最有价值

自然课改名叫科学课了，这"科学课"该怎么上？

抱着学习和探讨的态度，我专门听了一节一年级的科学课。

教师安排的任务很多。首先从认识家电人手，如电视、电冰箱、电脑等。随后教师总结——这些都是经过"科学研究"出来的。当然，也是告诉学生，生活处处有科学。

可以说，课堂的内容很生活化，较好地激发了学生对科学的兴趣。可遗憾的是，接下来，教师却提出一个"高难问题"——教师结合插图，告诉学生："首先要学会观察，你看，画中小朋友多仔细地观察眼前的小树呀……"

这话没错。可是，对一年级的学生来说，他们知道什么是"观察"吗？我们要做的，不是告诉学生关于"观察"的概念，而是把"观察"落实在教学过程当中。

该做小飞机了，教师从工具袋里取出做纸飞机的部件，一步一步教学生完成任务：先拿出"机身"，然后教学生怎样把机翼用皮筋套在机身上，接着，教学生怎样用双面胶把机尾粘在机身上……示范认真而细致，但问题在于，科学课的学科特点在哪里，这一切和手工课有什么区别？

我想，科学课要让学生像"科学家"那样进行研究，尽量由学生自己发现，自己提问，自己解决问题，尽可能多地为学生提供动手的机会，放手让学生自己感受科学给自己带来的快乐。

如果教师把材料交给学生，让他们在小组内互相商量怎样才能把部件组装到合适的位置；让他们共同合作，找准观察点，思考皮筋套、双面胶用在什么地方，怎么合理组装，"造"出飞机。那么他们就会在急切、兴奋中不知不觉进入学习的最佳状态，从而体会到学习科学的无穷乐趣。

就科学课的学习方式而言，一定要体现自主、合作和探究。因为对于一切人而言，自己发现的东西才是最有价值的。

精彩的课堂不要忽略了细节

前几天读到这样一则故事：

东京一家贸易公司有一位小姐专门负责为客商购买车票。她经常给德国一家大公司的商务经理购买来往东京、大阪之间的火车票。不久，这位经理发现一件趣事：每一次去大阪时，座位总是在右窗口，返回东京时又总在左窗口。经理询问小姐其中的缘由。小姐笑着回答："车去大阪时，富士山在您右边，返回东京时在您左边。我想外国人都喜欢富士山的壮丽景色，所以为了让您每次坐车都看到富士山，我就买了不同座位的车票。"就是这不起眼的小事让这位经理十分感动，促使他把对这家公司的贸易额由 400 万马克提高到 1 200 万马克。

在这样微不足道的小事情上，这家公司的职员都能想得这么周到，那么，跟他们做生意还有什么不放心的呢？

由此，我想到了教师的课堂教学。

海淀区督导来校检查，两天内要听 54 节课。于是，我们便陪同检查人员听课。上课铃响了，走进二年级的一个班。傅老师开口的第一句话竟然是："看哪名学生跟老师配合得好。"——这让我大吃一惊。

刘老师要参加全国性的教学比赛，试教时的一个环节是讨论"研究黄河象化石到底有哪些价值？"面对这些高年级学生，老师应该和他们商量怎么能把"哪些"探讨得更全面一些。可是教师却直截了当地说："我建议你们采取小组合作的方式。"虽说是"建议"，但语气丝毫没有建议之意，却带有明显的指令倾向。

有位老师这样评价薛老师执教的《詹天佑》："课堂结构完整，学生积极性较高，一堂没有准备的课上到这个程度，不得不归功于薛老师对教材的熟稔和她深厚的学养底蕴。薛老师的文字，我是喜欢的，但是，薛老师课堂上的一些用语有几处很值得商榷。比如，每当薛老师启发学生回答问题的时候，总是说'告诉我'。一个'告诉我'很明显地把学生置于被动的地位，使老师成了裁夺的权威。"

也许以上老师根本就没有想到，在课堂上，有意无意的几句话，就把自己摆在了特殊的位置。

教学细节往往能体现出一位教师的教学理念和教学习惯。教育无小事——这应该成为每位教师对教育的认识，成为我们自觉思考、反思的着眼点，更应该成为我们平常教学的自觉行为。

教师每天上课的内容是不同的，来不及修改，是一次性"快照"，永远定格在自己的教育生涯中，也将永远定格在学生的成长历史图景中。教师不断地在课堂上强调"我"，久而久之，学生就会认为自己是为了完成教师的任务，自己不是学习的主人。

如果换一种说法，比如：薛老师的提问变成"你说说"，或者"谁来告诉大家"；傅老师的开场白变成"今天我和大家一起学习"而不是"大家配合我"；刘老师的建议改成"你们觉得怎样才能更好地解决这个问题？"；叶老师的评价变成"你这样做老师和同学们都喜欢"；等等——效果又会如何呢？

有位教师谈到自己的课堂转变时说，自己最初登上讲台时，喜欢说"今天我来讲某某课"，而现在却说"今天我们一起来学习某某课"。我相信，对于以上提到的几位教师而言，换一种说法是轻而易举的，可带来的效果却是完全不同的。

是的，观念的改变体现在细节中。能写下上面的感想，要特别感谢以上教师给我的提醒。这几年来，我特别愿意听教师上课。一是可以思考如何去解读文本，真正实现与文本对话；二是可以看看各位教师课堂教学组织的层次性；三是可以判断并比较其和自己的设想教学策略有什么异同。更为重要的是，清楚自己到底在课堂中有哪些细节需要改进。

有的教师语言流畅优美，但面无表情的细节自己没有注意到；有的教师神态夸张，但虚假造作的感觉自己没有意识到。教师的语言，不仅要"听起来很美丽"，更要富于启迪性，能够激发学生学习的兴趣，能够调动学生思考的积极性。当学生的心灵感受呈现简单化、单一化、盲目性时，我们的语言该"设置"在何种层次上？是以动情的语言感染他，还是以智慧的语言启迪他？这都是值得深思的问题。这些细节的思考也是衡量教师的底蕴是否深厚的标志。

教师的表达，不仅停留在内容的本身，而且要考虑到学生的接受度和层次性，但怎么告诉他，就是教师要思考的细节。

教育是需要真诚支撑的，是需要善良加盟的，是需要智慧提升的——这些都是靠细节组成的。如果忽视了细节，再好的流程设计都会留有遗感。

教师如何面对这样的发言

在一节识字课堂上，教师教"闻"字。学生在看图理解这个字的过程中说："那个人举着耳朵"。"举"在这里用得肯定不合适，遗憾的是教师没有发现。在讲《仙人掌》一课时，大家正在围绕课文中的一个重点句子讨论仙人掌的"生机勃勃"。可是一名学生站起来却说自己不想谈这句，想发表对另一句的看法。教师制止了他的想法，告诉他先谈这句，然后再说。在一个课件的展示中，出现的是一个人向公园走去的情景，由于采取移动人物的三维动画形式，所以那个人是"挪"进公园的。这时，一名学生大声说："嘿，那个人没有腿……"教师听而不闻。

如此种种，不一而足。我们知道，教师上课，学生必然要发言。当然，课堂就像学生的生活，充满不可预测性。因此，有时学生的发言就像上面的现象那样，也会用词不恰当，语句不通顺，所答非所问，等等，甚至有时学生也会空话套话连篇，思想认识偏颇。

因此，教师的耳朵就应该是"听诊器"，能够及时诊断出学生"病症"。当然，面对症状，教师更应该对症下药，用恰当的方式将问题化解，免得学生形成错误的认识。

下面重点谈谈后者。

记得几年前，我进行《朋友》一课的主题教学。两堂课选出四篇文章学习，重点讲《皮斯阿斯和达蒙》这一篇。这个故事讲皮斯阿斯被国王无辜判处死刑，临行前要去看母亲最后一眼，国王答应了这个条件，不过必须有人代替他坐牢。茫茫人海，有谁敢冒着杀头的危险替别人坐牢呢？可他的朋友达蒙却勇敢地站了出来。于是学生在谈论这一点的时候说："这叫有福同享，有难同当""为朋友两肋插刀在所不辞……"我很激动，觉得学生用成语概括得很精彩！然而，学生只记住了讲"哥们义气"，而恰恰忽略了"够哥们义气"的前提。教师应该及时引导："如果皮斯阿斯犯了不可饶恕的错误，达蒙也要'两肋插刀'吗？"于是，在后来的教学中，我紧紧抓住"无辜"一词引导学生，为了朋友得看在什么情况下去实施帮助。这样一来，对学生人生观的引领就更加深刻了。可见，这样的发言的确需要教师谨慎而认真地引导。

一次看"西湖之春"新课改研讨会上的《詹天佑》一课实录。教师让学生在音乐声中模仿"2003 年度人物"的颁奖词内容给詹天佑发"颁奖词"，从而让学生把自己对詹天佑的认识说出来。这是一个很好的形式，但有些学生的发言却令人吃惊，当然，问题的关键不在于学生如何发言，学生有自由发言的权利，关键还是在于教师对学生发言的态度及在此基础上的引导。

例如有名学生说："所有的中国人都应该向他学习，建设小康社会。"我上过好多公开课，有失败也有精彩的时候，尤其是有些学生不同层面的精彩发言也能博得同学们甚至是教师的掌声。但是，这么多年从来没有遇到这样的"语言"。我认为学生毕竟是学生，说出这样的话语，有没有事先"充分准备"的可能。当然，现在普遍存在学生语言假大空的现象，如果这样，教师的引导明显是必要的。

再有，另一名学生说的"奉天承运，皇帝诏日：詹天佑同志，因你在国家危难之际主持修筑京张铁路，而且一丝不苟地工作，使铁路不满四年就全线竣工，为我大清政府节省了银子 28 万两。朕特封你为优秀工程师，奖白银 28 两"。这时教师笑着说："这份颁奖词可真有特色，居然想到了当皇帝。不过给你提两个建议。第一，太小气，只奖 28 两银子，太少了哦！第二，少了两个字——钦此！"这样的发言及引导有点哗众取宠，似乎詹天佑成了流行的古装电视剧中的明星，令人发笑，如果用这样的戏说把詹天佑说得庸俗了，我宁要"返璞归真"，也不要这样的所谓"创新"。

当我们面对这样的学生发言时，是否应该更为谨慎地发表自己的看法，恰如其分地进行引导，而不是简单地肯定和赞扬呢？或者更进一步说，为什么教师习惯于忽略学生发言中的问题或者仅仅是简单地赞美呢？

　　教师应该是他所讲授内容的主人，也就是说，教师应该能够充分而自如地把握和理解他要和学生一起学习的内容。只有在这个前提下，教师才能够对学生的发言及学生发言时语言运用的恰当与否有着明确的认识，就如我们上面所列举的例子中所说的那样。在我讲《朋友》这篇文章前后对学生发言及其指导的不同，并不是说教师对学生发言注意的程度问题，更重要的是教师对文本的理解问题。可以这样说，当教师真正理解了《朋友》这篇文章，成为这篇文章的"主人"的时候，才有可能对学生发言的深浅做出恰如其分的判断和指导。学生发言上存在的问题既是语言的运用问题，更是思维的问题。如果学生认识达到了一定的深度并且相对比较全面的话，学生的发言就不会出现上面的例子中所列举的问题了。那么，教师的引导和点拨同样也应该着眼于思维方面，从语言角度切入，延伸到思维方面。这样，才能从根本上解决问题。

　　从上面的分析我们可以知道，教师之所以忽略了学生发言中的问题，是因为教师本身不具备自由把握课堂的能力。教师无法对学生发言的细节问题做出适当的评价和引导，这就是教师的知识和能力的储备问题。并不是我们提醒教师要注意学生的发言，教师就能注意到了，而是要从教师的素养着手，培养教师在课堂上的反应能力。

教学要让孩子从心理上认同

　　目前，"重思想、轻实践，重人文、轻技术"的现象应该引起大家的注意。

　　有人认为，教师应"重视语文的熏陶感染作用，让学生更多地直接接触语文材料，在大量的语文实践中掌握运用语文的规律"。这样做无疑对语文教学有促进作用。但没有相关的教学技术做支撑，也难以取得良好的教学效果。因此，理念的转变并不意味着教学技术的水到渠成。也就是说，如果不能实现方法运用与人文熏陶的统一，无论我们学识多高，对学生多么尊重，我们的语文教学仍然属于单腿走路，不可能达到语文教学的双赢。

他还强调，无论如何给语文定性，其工具性都是第一位的，都离不开积累、实践、感悟、运用等技术手段。试想，如果我们只让学生漫无边际、漫不经心地阅读，不对他们进行有意识的指导，学生则不会有实质性的收获。

怎样使思想和技术更好地结合？有位教师说过，中国并不缺乏先进的理论，缺少的是高学问的教师，缺乏的是理论和实践的结合。记得《教师之友》的编辑李玉龙向我介绍薛瑞萍老师时就说："论思想，她比你强；论技术，你比她强。"现在，我和薛老师已经成为好朋友，我们也一直朝"合二为一"的方向努力，力求拥有"思想的技术"。

探索中有了一点惊喜。有一次，读卢志文校长的《今天怎样当教师》一文，其中"讲不一定懂"的观点对我启发很大。

他用杜威的话强调观点——教师的知识结构和科学家的结构不一样，教师一定要把科学家的知识进行心理学化才行。

卢老师强调的"知识的可接受性大于知识的科学性和系统性"让我进一步思考下去，我们强调技术也好，强调思想也罢，我们却忽视了一个重要的问题——孩子的心理认同。卢老师认为，大学教授中虽然没有这个原则，可这是我们教师必须掌握的原则。细细想来，从思想性及技术性来说，我们教师总是把知识的系统性和科学性放在第一位，把学生的心理可接受性放在第二位。

记得卢老师举了一个例子。三岁的小孩问母亲："妈妈，天上为什么会下雨啊？"他妈妈说："空中有水蒸气，遇到冷空气就会凝结成水珠，然后再在地球重力的作用下降落，克服了空气的阻力……"你这样讲孩子能懂吗？可是你却认为这是知识的系统性和准确性——这些都是正确的，有道理的啊！可另外一个母亲却说："孩子，这是老天爷哭了。"实际上这是错误的，但是在那个年龄段她这样说是很巧妙的，因为这样说并不会影响孩子将来对雨怎样形成的这一科学道理的掌握，而又满足了那个孩子的好奇心和求知欲。当知识的可接受性不存在的时候，这个知识的科学性与系统性也就不存在了——对教育而言，这就是教师和科学家不一样的地方。

当然，教学的过程是指导学生从不会到会、不懂到懂，再到运用的过程。话虽然通俗易懂，如果把其中蕴含的教育智慧和教学技术，通过"心理"的桥梁达到教育教学的目的，真正实现教育的艺术，其实是很难的。不过，一旦我们把"思想"和"技术"抛开，从孩子的角度出发，找到他们可以接受的恰当的"点"之后，那么一切都会聚拢而来。

想起崔老师的教学。一次，她要让学生巩固"捕猎、岩石、探望、一群、喜悦、猎物、抬头、假如"等词语。大家知道识字和积累词是低年级的学习重点。因此，每天的每一堂课上教师都要带领学生识字、写词。试想，如果每天教师总是用一种方法，学生必然学得枯燥乏味，产生厌恶之感。因此，教师就要动脑筋触动孩子的兴趣之弦。我发现这位教师采用的策略很有意思："谁愿意当黑板上的字宝宝？它呀要睡觉，快快把它送到妈妈的怀抱里。"于是教师读哪个词语，学生就轻手轻脚地到黑板上摘下来，小心地送到教师的手里，生怕吵醒字宝宝。之后，教师又说："宝宝睡醒了，快快喊醒它吧。"于是，学生大声读出这些词语。作为一名普通教师，她备课的时候，肯定不会想"怎样把思想和技术结合起来"的问题，她所想的肯定就是怎样让学生像做游戏一样学习。

现在想来，如果说薛老师只拥有思想，缺乏技术的方法也是不确切的。我读过她好多课堂实录，给我的印象都是非常深刻的，如《穷人》《猴王出世》等。《穷人》教学结束的时候，教师把第一段中"五个孩子"中的"五"变成了"七"，就把全篇文章表达的情感升华出来了——妻子桑那和丈夫，再加上收养的两个孩子，连同自己的五个孩子，在破旧的小屋中过着幸福的生活。因而，她的教学流程也是以学生的可接受性来进行的。

歌德说："理论是灰色的，只有生命之树常青。"

因此，对于那些优秀的课堂教学，我们不能用思想或者技术来肢解它们。透过这些课堂教学，我们看到的是人性的闪光和教育智慧的闪光。教师要心中装着学生，那么，课堂上生命的相遇、智慧的碰撞才能自然而然地闪现出灵动的光芒，从而实现教师心态的开放，教育方法的开放，学生心灵的开放。

教师关键要将自己的智慧转化为课堂的生产力，作用到学生身上，真正让学生的情感思想找到土壤，真正让学生的生命状态处于"满意"，甚至"满足"的过程。离开了这些，一味地在虚无缥缈的天空中思想，是永远也不能开出芬芳美丽的花朵的；没有了现实的泥土和生根、长大、开花的"技术"过程，学生结出的"果实"也是青涩的。

教师更多的要成为心理学家。如果一味地成为批判家、思想家、文学家、技术家，离开了自己每天面对的灿烂的生命，忽视了每次对学生的恰当服务，最终也许会被学生评价为空想家、空谈家。

怎一个调皮了得

有人打这样一个比方：课程就是教育中的菜篮子工程——精神营养餐。

由此，我们进一步思考：

a. 营养搭配。假设数学是高蛋白，音、体、美则相当于蔬菜水果。每人的肠胃不同，搭配自然就应该不同。

b. 进餐方式。这相当于学习的方式。可以是集体"围桌进餐"，可以是"自助餐"。总之不能死板，不能千篇一律，这样孩子才爱"吃"。

c. 进餐环境。环境很重要，也是课程资源。因此，教师要营造一个温馨，让学生喜欢的环境。

面对精神营养大餐，教师不仅要做高明的厨师，还要做高级的"采购员"，以及高级的组织进餐的管理者……

当然，这一切准备好了之后，还要看我们的进餐人员是否规矩听话，按照我们配置好的营养餐"进食"。但面对调皮的"顾客"，你会怎么办？下面，让我们从发生在我身边的，以及另一个教师的例子中感受一番。

六岁的孩子，刚迈出幼儿园，就步入"正规学习"，的确很不容易。

班里有一名学生——陈汉英。他长得就像商场橱窗里的洋娃娃。一双大眼睛，眸子像两粒黑黑的葡萄，长而翘的眼睫毛忽闪忽闪的。只要有人夸奖他漂亮，他就先把眼睛闭一下，然后再睁开，调皮的眼神非常可爱。

开学第一天，我让大家介绍介绍自己，轮到他了，他却张大嘴巴突然问了我一句："说啥呀？"弄得我哭笑不得。

课堂上遇到他感兴趣的话题，他就高高举起小手，祈求我叫他，而且他的发言总能给大家带来笑声。只要有一次不叫他，他就噘起嘴，闭上眼睛不看我，害得我只好用手摸摸他的头，或者用语言"疏导"他。

我的教学语言很幽默。有时候，还没有讲完，他就开始咧嘴，心领神会，随后带头哈哈大笑，无奈，我只好对他打体育手势，示意暂停。

他还有一个特点，那就是浅尝辄止——只要这个问题明白了，只要这个生字认识了，就会表现出胸有成竹的样子，开始变得满不在乎。

虽然有些时候他满不在乎，可是有一件事情让我发现了他的特别。有一次课间操，体育老师要把他拽出来，原因是他动作懒洋洋，而且还慢半拍。可是他坚决不离开队伍，体育老师束手无策了。第三节课开始上课了，他还是站在操场上流眼泪。当我劝他的时候，他却哭着告诉我："我的眼泪还没流完呢，如果让同学们看见我哭了，那多没有面子啊。"

一天下午，我用红粉笔提示一个新的生字笔画——竖折，正强调着呢，突然他大喊一声："老师，你身上着火了！"吓得大家赶紧喊："哪呢？哪呢？"大家七嘴八舌，都觉得奇怪，我也很奇怪，眼睛四处寻找。

只见他几步冲上前来，指着我的肩膀，摆出严肃的表情，一本正经地说："不是在这儿吗！真笨！"

哈哈哈哈……大家都笑了起来。原来，我的白色上衣有一抹红粉笔印儿，是我写字不小心，把红色蹭到了上面。看着他"调皮"的表情和其他学生前仰后合的样子，我也乐了。

过后问他，结果他却来了一句更让我"无奈"的话："总让我写字，太累了，让你害怕一下，吓唬吓唬你，这样你就停笔了呗，哈哈哈哈……"

当时的我很生气。不过，事后一想，当我们换一种方式，换一种心态，把"麻烦"变成对童真至纯的欣赏，把他们的恶作剧当作课堂大餐的"调味品"。久而久之，我们的心境就被完全"童"化了。这不是一种幸福吗？

某日，教师在课堂上想看看一个学生的智商怎么样，就问他："树上有 10 只鸟，开枪打死 1 只，还剩几只？"（也许大家都会有一个共同的答案，10 － 1=9，这就错了，应该是一只也没有。）

学生反问："是无声手枪吗？"

"不是。"

"枪声有多大？"

"80 ～ 100 分贝。"

"那就是说会震得耳朵痛？"

"是。"

"在这个城市里打鸟犯不犯法？"

"不犯。"

"您确定那只鸟真的被打死了？"

"确定。"教师已经不耐烦了，"拜托，你告诉我还剩几只就行了，OK"

"OK，树上的鸟里有没有聋子？"

"没有。"

"有没有关在笼子里的？"

"没有。"

"边上还有没有其他的树，树上还有没有其他的鸟？"

"没有。"

"有没有残疾的或饿得飞不动的鸟？"

"没有。"此时教师已经满头大汗……

也许你认为这个学生太调皮，但是，在我们笑过之余，不妨让我们思考这样几个问题，这个学生为什么会对我们看似平常的、简单得不能再简单的问题，提出这么一大堆复杂的问题？我们自己能问出这些问题吗？换句话说，你能事先配出这么特别的"几道菜"吗？

优秀的人才是培养出来的，创新精神是鼓励出来的，也是欣赏出来的。

"调皮！"

如果你仅是如此评价这样的学生，我敢说，你的菜篮子里，没有学生需要的营养，你会让他们"营养不良"，甚至会扼杀一个聪明绝顶的天才。

不让一个学生留级

行知小学命名的时候，行知实验班还没有毕业。我一边办行知实验班，一边努力把办行知班的经验，尽快地转化成办行知小学的经验。

办行知实验班时，我们遇到的一个突出问题是留级生比例太大，办行知小学同样遇到这样的问题。过去我不当校长，无权干预这个问题；现在我当校长了，到决定升留级的时候该怎么办呢？从行知实验班办学过程中，我体会到其实很多所谓差的孩子，他们还是很想学好而且还是很有天赋的，留级问题的症结似乎不在孩子身上，而在教育上。

为了能够更加深入地思考这个问题，我们开始做调查。我们调查了五里村 1967 年到 1975 年这 9 年当中出生的所有学生，对他们在小学阶段的留级情况做了一个统计。结果发现：357 个人中，有 72% 的人留过一年以上，有 51% 的人留过两年以上，一共留级 455 年，人均 1.27 年。看到这组数据之后，我们发现了问题的严重性。

我们依据调查数据算了三笔账。第一笔是经济账，留级一年，对于国家来说，这个学生要多占用一年的教育经费；对于家庭来说，要多交一年学习费用，要多抚养学生一年，要不然早一年走上社会，早一年自立，家里面不是少养活他一年吗？这样一算下来，455 年可是一笔巨大的经济账啊。第二笔是时间账，你看这 455 年不是别的 455 年，而是生命的 455 年，你说多少收获能够补偿这 455 年生命的损失？第三笔是质量的账，留级的初衷是为了提高教学质量，为了让学生能够提高成绩，结果调查中我们发现留级生中的 2/3 以上还是成绩较差的学生，还要再留级，这充分说明留级并不是提高成绩、提高教学质量的好办法，甚至可以说留级恰恰是导致那么多学生成绩差的一个制度性的障碍。

我们发现留级实际上更多的不是为了学生，很大程度上是为了统考，留级问题是应试教育的产物。我们发现大量留级往往最终会形成恶性循环，连提高统考排名的作用也会丧失。*1978* 年以后，国家恢复高考，恢复中考，进而恢复小学毕业会考。这些举措在教育秩序中起过一定的促进作用，但是中国教育很快就出现了应试教育的倾向，显示出了新的弊端。

陶行知先生一贯很明确地反对留级。他在 *1932* 年写过一首题为《留级》的诗：

今年留一留，

明年留一留，

留到哪年才罢休？

父母也羞，

同学也羞，

小小眼泪像雨流。

花儿也愁，

草儿也愁，

生长如今不自由！

不自由，不自由，

把它从字典里挖出来，

摔到天尽头！

摔到天尽头！

从今小孩儿，

一级也不留。

陶先生还在诗的后面加了"小注"：

　　花草听见小朋友留级，也要滴几滴同情之泪，何况做先生的，当然不是嘴上喊几句小朋友就算了事。您如果是小朋友的真朋友，就得用斩钉截铁的手段，把这个妖怪赶到没有人烟的荒岛上去。

经过反复讨论，我们终于做出了一个大胆的决定。*1986* 年，行知实验班毕业后，我们从 *9* 月份招收的那个一年级开始，进行不留级实验，不让一个学生留级，一个也不留。这样，不留级实验就成了行知小学命名以后在教学改革上的一个突破口，成了整个行知小学办学阶段的一个中心话题。

让不留级成为一种制度

下决心容易，做起来可就难了。不留级实验从哪里入手？怎样得到家长的支持？怎样得到上级主管部门的批准？这些都是摆在我们面前亟待解决的问题。

1986 年 7 月 1 日，《中华人民共和国义务教育法》（以下简称《义务教育法》）开始正式实施。我们意识到这是继《中共中央关于教育体制改革的决定》的颁布实施、教师节的设立之后，我们有幸经历的又一个重大的教育事件，我们还意识到，《义务教育法》也是我们开展不留级实验强劲的东风。

仔细研读《义务教育法》，我们欣喜地感到不留级实验的基本思路其精神是完全一致的，开展不留级实验是有坚实的法律依据的。贯彻《义务教育法》，首先要做到所有适龄儿童不能不入学，所有入学的学生在未接受完规定年限的义务教育时不能辍学。由于行知小学已经连续几年实现了入学率、巩固率、毕业率和普及率四个 100%，可以认为已经基本完成了实施初等义务教育的任务，所以我认为行知小学贯彻实施《义务教育法》的着力点应该放在三个方面：第一，严防死守，年年把关，决不让一个学生失学；第二，重点解决留级问题，五里村以前流失学生多，一个重要的原因就是留级生多，反复留级的学生会失去学习的信心，即便在小学勉强留住了，初中的入学率和巩固率也会大受影响；第三，努力改善办学条件，努力转变落后的教育观念，提高教育质量，高标准实施义务教育。开展不留级实验，正是行知小学贯彻实施《义务教育法》、深化教育教学改革的突破口。

学习领会《义务教育法》精神，我们还体会到，不留级实验应当是制度层面的改革。不留级不是别的东西，它是一种制度。我们学生的学习潜力是很大的，每一名学生都应当是被关爱的，每一名学生都是想成为好学生的。造成学生学业不好的原因是我们的教育没办好，是我们的教师、家长没当好。所以，要在教育上下功夫，要在教师身上找原因，也要在家长身上找原因。留级在知识的反复学习、强化学习上也许有一定的作用，但是我们付出的代价太大了，得不偿失。必须把留级这扇门关起来，不要给自己留退路。在不留级的前提下，让我们来想各种办法解决后进生问题。我们相信，正常情况下，多数学生不会留级；少数后进生多关爱、多辅导，可以不用留级；个别学生想尽办法仍然跟不上，留级只会更糟。

借助学习贯彻《义务教育法》的契机，我们向乡中心小学和县文教局提交了开展不留级实验的报告，并得到了批准。同时，我们又向学生家长做了大量的宣传工作。我们承诺，我们搞的不留级，不是放任自流的不留级，不是不要质量的不留级，我们是要让学生在不留级的前提下学得更扎实，学得更快乐。从此以后，我们就把行知小学实施《义务教育法》、深化教育改革的做法概括成了耳熟能详的两句话：不让一名学生失学，不让一名学生留级。

自主选择，让学生成为学习的主人

要让学生真正成为学习的主人，就必须让他们在学什么、怎么学上有自主选择的权力。这种选择可以在教师的引导下进行。比如，一年级学生的选择能力可能比较弱，可以让他们这样选择：同学们，我们是先分组读然后全班齐读，还是先全班齐读再分组读呢？其实两种读法都可以，但是让不让学生选择，就有很大的不同了。经常跟学生这样商量，学生会感觉自己是学习的主人，其主动性、积极性会得到激发。这是教学观念的问题，并不需要我们额外做什么，我们平常的课该怎么上还怎么上，只要把让学生自主选择的机制加进来，教学的状况就会大大改善。

自主选择可以在课内进行，也可以在课外体现。特别在课外，应当让学生有更大的选择余地。

我跟其他教师讨论过一个问题：学生回家做家庭作业好像是天经地义的事情，哪一天没有家庭作业了，反而会觉得很异常，那么学生做的是什么家庭作业呢？无非是"把第三单元里几篇课文的词语抄5遍""再把42页练习9第4至11道题做一遍"。天天这么做，学生觉得很枯燥，没兴趣，但是又不能不完成，因为第二天教师要检查，而且教师每天一到班上去心情总是不好，因为总有那么几名学生不写作业，或者是写不好、写不完。还有学生好不容易写完作业以后，教师没时间批，导致有些学生写错了又得不到及时的纠正，反而强化了错误。此外，很多学生老两口的到家，爸爸妈妈第一句话就问作业写好了没有。这样一来，学生就以为写作业是学习，其他的就不是学习了。其实呢，写作业这种学习，反而让学生把其他更好的学习方式都忘掉了，这是得不偿失的。考虑到这些，我们学校就开始提倡大家不布置或者少布置固定的家庭作业。我带班的时候就没有布置家庭作业，而是让学生回家去自主选择，学习他们感兴趣的东西。我告诉学生："其实你们回家去，你们走在路上，看花看草那就是学习；风吹在你们的头发上，你们感受到风的方向、风的温度、风的强度，这就是学习；回家去看电视，看好电视也是学习，读课外书更是学习，做好人好事也很好，你如果回家去自己愿意做些数学题、抄些词语，这也不错，只要是自选的就非常好。"这样把权利下放给学生，学生高兴地欢呼起来了。

过了两天就有学生问我："杨老师，我们回家干什么呀？"他觉得没事干难受了。这里面有一个可贵的东西体现出来了：主动学习的愿望。后来我们跟学生讨论怎样进行自主选择学习，结果全班编了一个顺口溜，叫"自主选择 12 多"：

> 好身体多练，好家务多干；
>
> 好书报多读，好电视多看；
>
> 好文章多写，好消息多传；
>
> 好节目多演，好作品多玩；
>
> 好朋友多交，好事情多办；
>
> 大社会多访，大自然多探。

"好消息多传"，是要让学生担负起文化使者的责任。"好节目多演"，就是提倡艺术实践，吹竖笛、弹钢琴、唱卡拉 OK、自编自演独幕剧。"好作品多玩"，包括书画作品、手工制作、收藏品，这些作品要多把玩。我对学生说："以后不要来问我回家干什么，当你自己觉得没事干的时候，你就背一背'自主选择 12 多'，背着背着你肯定就知道有很多事情可以干了。"

这"12 多"，我们也是有重点引导的。比如，我们会引导学生更多地去看课外书。我们的很多学生能够博览群书，其实只要有这"一

116

多"就了不得了，学生的收获就很大了。有一次，一名学生走到我面前，从一个旧信封里倒出一堆羽毛，得意地告诉我："杨老师，你看，这是麻雀毛，这是鸭毛，这是牛背鹭的羽毛……"这就是他的收藏，一个农村学生的收藏。农村学生收藏什么？可以收藏种子的标本，可以收藏雨花石。我们还发动学生搞小制作。编织、剪纸、泥巴塑的、泡沫刻的、桌上摆的、墙上挂的，都可以带到教室里来展示，琳琅满目，学生乐在其中。我们每个组指定一名小组长，专门检查自主性家庭作业，每天逐个登记。每周我们都有一个自主学习的交流会，让大家汇报自己在家是怎么学习的。

为了对学生能够有一个宏观的引导，学校成立了读书社、书画社、收藏社、文学社、制作社，成立了足球队、小剧团。这些小社团在少先队大队部的领导下开展活动。我们的小剧团，有了好节目就来会演；我们的书画社，有了好作品就来展览，而且这个画展是人人可以参与的，只要你愿意，哪怕只是画一条线。我觉得，学生的作品，不必过早地评判这个好，那个不好，高兴就行了，有趣就行了。我觉得小学教育里面很多东西对错不重要，好坏不重要，兴趣最重要，快乐最重要。我们学生的书画作品后来拿了很多全国少儿书画比赛一等奖。一张《摘柿子》图画真让我感动。小作者把摘柿子的画面呈现出来，那种丰收的景象，那种喜悦的神情，那种分享的意境，带来了令人心动的美感。

优点分享，让学生成为心灵的主人

一名学生的优点好办，一个班级、一所学校学生的优点怎么处理呢？一位教师面对几十名学生，在优点处理上往往是容易出问题的。我们的做法是：优点分享，让学生成为心灵的主人。

什么意思呢？就是让学生感觉自己是一名好学生，不背坏学生的包袱。其实教育一个很大的诀窍就在于：你若想把学生培养成好学生，你必须让学生从你的一言一行中感觉到他就是好学生，这样他就会变成好学生。现在我们的教育中存在的问题是什么呢？就是千方百计指出学生的不足。意图本来是想让他们克服坏习惯，然后做好学生，结果往往适得其反。如何让学生感觉自己是好学生呢？我们学校有一个做法：给学生写"优点卡"。我们设计、印制了精美的卡片，让教师在卡片上写学生的优点，然后颁发给学生。写优点卡要抓住几个要素：有时间、有地点、有人物、有细节、有教师评点。教师在一两句话里要把这五个要素表达进去，这样优点卡才算合格。这张优点卡的特点就在于表扬学生的行为细节。比如，我写过这样一个优点卡：

> 小刚同学：
>
> 昨天早上在上学路上，我看到你手上拿着一个白色塑料袋。很多同学吃完早点后就随手把塑料袋扔在路边。我悄悄跟着你，想看看你究竟怎么处理。结果你走到学校，把它扔到废纸篓里。看到你这样的行为，我感到非常欣慰。

在这份优点卡里，时间、地点、人物、细节、感受全有了。虽然只是一个细节，但是它真实、生动、感人，对学生的激励是出乎意料的。在优点卡的教育环境里，学生的表现是很自然的，教师无意中发现了他的闪光点并把它彰显出来，他会有一种意外的幸福感。

优点卡把表扬落到了实处，但是问题又出来了：班上那么多学生，一名学生平常有那么多表现，就这么一个小小的细节能有多大的教育效果呢？重要的不在于优点，而在于"优点分享"。我们会在学校的升旗仪式结束后举行隆重的颁发优点卡仪式：获得优点卡的学生名单会在广播里反复出现，会在学校黑板报上表彰，优点卡会被贴在班级的黑板报栏上，会带回家给爸爸妈妈欣赏，会作为书签夹在课本里。一名学生一学期有可能就得到一张或两张优点卡，但是他不断地触摸到、看到这一份带给他自豪感、光荣感的优点卡，这个优点卡对他的激励作用就放大了。更加重要的是，一名学生的优点通过宣传成为全校学生的优点，成为引领全校学生前进的一个方向。一个星期颁发、宣传几十名学生的优点卡，无形中就形成一个正确的舆论氛围，形成一个健康的舆论导向，此时的力量就大了。所以，每一个小小的优点加在一起，通过分享机制放大，就起到了很大的作用。过去，教师往往耗费很大精力出了一期黑板报，结果没人看。现在不同了，每堂课下课都有一群学生聚在黑板报前看。他们看什么？看的是自己的名字。受到表彰的学生的名字是黑板报上最美的文字。

小小的优点卡给我们学校带来了评价机制的整体变化。我们觉得，对学生的激励性评价第一要多，第二要实。语文的分数是一种评价，数学的分数是一种评价。语文学得不好的学生，跳绳可能是最好的，打乒乓球可能是最好的，学校要有全方位的让学生展示自己才能的机会，而且要非常重视长处、优点的迁移价值和分享价值。

有名学生叫小凡，特别调皮，爱拿别人的文具，会拉女同学的辫子，全班同学都非常反感他。他到县城超市去，看见巧克力拿了就吃，结果被超市的人发现了，一考问是行知小学的，给学校丢了脸。他的爸爸妈妈教育他的方式简单粗暴，出了问题就打一顿了事。这样的学生我们应该怎么教育呢？即便是这样的学生，我们也要在内心深处认定他是名好学生，要想方设法找他身上的优点。没有不好的学生，只有不幸的学生。班主任殷老师终于找到了他一条"优点"，给他写了这样一张优点卡：

　　小凡同学：
　　今天中午，你趴在教师办公室的窗外看余老师打电脑，看得那么入神，天气炎热，豆大的汗珠从你的脸上直往下流，你也全然不顾，直到上课铃响了你才离开。老师被你那双渴求知识的大眼睛深深感动了。

当小凡在全校集体晨会上意外地被通知上台领这个优点卡的时候，他被那种掌声、被那种气氛震撼了。奖励他这条优点，连那些不喜欢小凡的同学也心。小凡这个平时会被制止的趴办公室窗户的行为，却被独具匠心的殷老师在信任、包容和期待的目光中转化成了小凡成长的起点。

当然，不能以为一张优点卡可以解决全部问题，这只是起点，后面的教育要跟上去。几天后，六一儿童节到了，《南京日报》社给我们学校捐赠了20台旧电脑，我们要带40名学生到城里去参加电脑捐赠仪式，通常的做法是选品学兼优的学生来参加这样隆重的活动。但是我当时突然有一个想法：小凡不是喜欢电脑吗，让他也去吧。后来在我的说服下，教师就把他带过去了。虽然他是40名学生当中唯一一个调皮的、平常表现不太好的学生，但是他那天表现得很不错。捐赠仪式之后，出席仪式的分管教育的副市长、教育局的局长等领导陪同我们的学生去参观电子商城。我当时又灵机一动，说："小凡，你是不是能代表同学们主动去跟市长伯伯说两句话？人家给我们赠送电脑，我们要感谢他们。"只见他大大方方地走到市长身边，我也不知道他是怎么说的，就看见市长扶着小凡的肩膀，语重心长地跟他交谈，小凡一个劲地点头。记者把这个画面抓拍了下来，第二天就登在《南京日报》上了。我赶紧把这个报纸找来，让小凡带回家去给爸爸妈妈也看看。在教育孩子上很伤脑筋的爸爸妈妈，看到自己的儿子跟市长合影，他们也很自豪。

放暑假的时候，南京师范大学有几个大学生来我们学校联络开展社会实践的事。我想，我们不是有电脑了吗，就搞一个电脑夏令营吧。我们要让一批学生尽快学会用电脑，感受一下现代文明，而且要让他们住在行知基地，让他们也感受一下集体生活。当时我又想到小凡。他不是喜欢电脑吗，让他来吧。这又是破例的，因为我们规定五六年级的学生才可以参加，他才从三年级升到四年级。我说，就再破一次例吧，谁叫人家跟市长伯伯照过相呢。结果他高高兴兴地带着行李铺盖到学校里来学电脑了。可是第二天中午就出问题了，他拿了从南京师范大学来的辅导教师的 80 块钱，跑到学校附近的代销店里挥霍起来。大家发现了，感觉有点儿不大对头，带队教师赶紧跟家长取得了联系，家长到学校来，满脸羞愧，他觉得学校对他孩子挺好的，没想到孩子这么不争气，于是拎着孩子的耳朵就把孩子领回家去了。

当天下午我办完事回来，听说这件事情，觉得很难受。但是当时我反思了一下：当我们面对这样的学生，第一反应是生气，还是心疼呢？不是生气而是心疼。这么一点大的学生就会犯这样的错误，实际上是值得心疼的。我想，小凡如果就这样回家了，他的这个结就永远解不开了，而且大家都知道他拿了人家的东西，拿了 80 块钱。我觉得这个问题一定要解决。随即，我就骑车赶到他家去，只见小凡被罚站在院子里面，母亲正在屋里面生气呢。我赶紧把小凡拉回屋里。我对家长说，学生还小，他一定知道自己犯错误了，我们相信他会改的，要给他一个改正的机会。家长听我这样一说，情绪放松了许多。小凡的母亲觉得教师并没有嫌弃她的孩子，仍然来关心他，很感动，又夹着行李铺盖跟我一道把小凡送回学校。我们一起找到那个大学生，让小凡还了钱，道了歉。那个大学生是非常好的一个人，他说小学生都会犯错误的，改了就好。他的话使小凡感觉到犯了错误并非不可收

120

拾，改了还是好学生。就这样，小凡成了我们学校第一批会用电脑的学生之一。

此后，我在学校里东忙西忙，再也没有顾上小凡的事了。隔了一年多，我又一次面对他。我问："小凡，感觉怎么样啊？"他说蛮好的。我说："什么蛮好的？"他说："我语文考八十几分，数学考九十几分，蛮好的。最近我们学外语了，挺好玩的。"听他说这几句话，我感觉到这名学生基本上稳定了。后来跟教师打听，小凡仍然调皮，仍然犯错，但他是一个可教育的学生，是一个在自己的水平上不断进步的学生。

开发生命潜能，保护生命资源

我有一个同事的女儿特别有灵气，上幼儿园时在几十个孩子中很突出。去年，她开始上小学了。有一天晚上我去她家，她父母不在，奶奶又不识字，她正在为家庭作业本上的家长签字问题焦虑不安。于是我自告奋勇地帮忙签了个"阅"字，并写上了自己的名字和日期。她看了以后，为难地说："老师要求签'家长已阅'四个字，签一个字不行。"我解释了好一阵子，并保证如果老师"骂"她，愿意被她刮鼻子，她才肯罢休。

这件事令我想到很多。第一，这个班级的老师在孩子面前可能还是居高临下的威严姿态，令学生感到恐惧，民主平等的新型师生关系显然尚未形成；第二，老师不考虑学生家庭可能会有各种不同的情况，习惯于统一要求，学生没有选择余地，于是产生了许多焦虑；第三，如果学生书写马虎、错误率高，再碰上不懂教育规律的家长没按要求予以配合，学生有可能因此受到更多的抱怨、责罚，身心受到更多的打击；第四，教育部有明文规定，一、二年级不布置书面家庭作业，这学生的老师却每天都布置家庭作业，说明以知识为中心的教育观仍然根深蒂固……

我有些为这孩子的前途担心。在这样的教育环境里，即使她取得了很好的学习成绩，也有可能因为被知识学习占去了太多的时间、空间，或因为已习惯于被动服从、机械训练，而失去了灵气、悟性；如果她连成绩都排不上好名次，还有可能对知识本身的学习也失去兴

121

趣，丧失信心。如果教育使本来如此有灵气的孩子变得机械刻板、没有活力，岂不悲哀？

据了解，这孩子所上的还是一所不错的学校，所遇的还是一位有责任心的老师，而这件事本身也还算不上什么典型的问题。但正因为如此，深入地展开思考，我们的教育的确还普遍存在许多深层次的问题。

迄今为止，人类好像已经端正了对大自然的态度，明白了开发与保护并重、实现可持续发展的道理。但人类还应该端正对生命的态度，既强调开发生命潜能，又强调保护生命资源，形成教育生态意识，从而实现生命的可持续成长。

现行教育显然存在强调开发而忽视、忘记保护的倾向。人们总是执着地认为，生命潜能是巨大的、不可估量的，似乎是开发得越早越好、越多越好；对待孩子的态度，就是装的知识越满越好，考的分数越高越好，越听话越好，越成熟越好，越出名越好，其实不然。如果为了获得这些而失去善良、自信、快乐，失去求知欲、主动性、创造性，就真的得不偿失了。开发得早或迟、多或少，应当因人而异、因地制宜，保护的意识应该人人确立、时时确立、处处确立。开发是相对的，保护是绝对的——如同自然环境遭到破坏会从根本上制约发展一样，生命资源遭到破坏会从根本上阻碍人一生的成长。

于是，我的大脑里跳出了三个名词。一个词是"成绩"，一个词是"成功"，一个词是"成长"。我觉得这三个词实际上表现了三种不同的教育境界。

也许，我们应该不必太看重"成绩"，成绩并不一定等于成功；也许，我们应该不必太看重"成功"，成功并不一定等于幸福，不幸福的成功只能是暂时的成功，甚至是虚假的成功。我们真正应当看重的是"成长"，教育的最高境界是抓住"成长"两个字。成长是超越成功层面的东西，因为成功了，我们可以成长；失败了，我们也可以成长，失败了说不定是更好的成长。人要坦然地面对成功，也要坦然地面对失败，不怕失败，这才是最大的成功。实际上，我们如果把教育的最高境界定位于成长，就会使教育变得非常有趣。我觉得我们学生的成长一定要跟幸福、快乐相联系，只要成长就快乐，只要成长心里就觉得踏实。与成长相应的，成功和成绩就随着成长而实现了。

我觉得我们的教育要站在成长这个层面上去理解，确立开发与保护并重的教育生态理念，确定人可持续成长的理念。人的一生，只要关注成长，就不用操心成功，更不要操心成绩的问题。人专心致志地成长，长成一棵参天大树，你还用担心它不结果吗？还用担心它不成材吗？可悲的是现在有很多树，刚刚长成一点，我们就急切地摇晃着它，抱怨它为什么不结果，为什么不成材，最终导致它结不了果，成不了材。

我们经常听到这样一句话："不让孩子输在起跑线上。"其实我更喜欢这样一句话："不怕孩子输在起跑线上，不让孩子输在终点线上。"我们有些人在起跑的时候，就怕输，往往思想压力大、精神负担重，最后还是输了。这样的人有很多输在终点线上，到那时候后悔已经来不及了。

教育，既要开发生命潜能，又要保护生命资源。在教育目标上，要定位得高一点，远一点，要指向孩子一生的快乐幸福；在教育过程中，要从现在就快乐、就幸福出发，要让孩子拥有快乐幸福的童年。

坚持发展性评价，提升课堂参与品质

近年来，课堂参与教学模式，有力地推动了新课程理念的确立和新课程教学的实施，同时也促进了各地教师对课堂参与品质的关注。在课堂参与品质评价实践中，我们逐步形成了一些共识，但也遇到了一些与新课程评价理念不尽一致的具体问题。基于对这些问题的反思和探讨，本文坚持发展性评价，针对当前课堂参与品质评价中存在的几个突出问题，开展探讨。力求通过评价提升课堂参与品质，促进学生发展，改善课堂教学。

一、课堂参与评价的基本理念和策略

（一）基本理念

1. 促进学生发展

基础教育课程改革的核心理念是"以学生的发展为本"。因此，在课堂教学评价中，既要关注基础目标（知识、技能）的形成，又要

123

关注发展性目标（以学习能力为重点的学习素质和以情感为重点的社会素质）的形成。这一理念体现在课堂参与评价中，即通过评价激励学生积极主动参与质疑、探究、发现的过程，在积极主动的课堂参与过程中实现基础性目标与发展性目标的协调统一。

2. 促进教师成长

诊断教师在课堂教学中存在的优点与不足，目的是以此改进教师今后的教学，促进教师的成长。

3. 以学论教

即以学生的"学"评价教师的"教"。因为教师在"教"方面所付出的任何努力，都是为了学生的"学"。所以，要强调以学生课堂参与中的情绪状态、交往状态、思维状态、目标达成状态和纵向进步状态为依据，评价教师教学质量，引导教师改进教学方法。

（二）课堂参与发展性评价策略

第一，形成性目的与诊断性目的结合，确立发展性的评价目的。发展性评价的目的是创设适合学生的教育，改进教学。既然是改进，那么就要首先诊断"需要改进的是什么"。在诊断了解课堂参与中存在的优点和不足之后，再通过评析和鼓励促进教师和学生进一步发扬优点，弥补缺失，形成更高的课堂参与品质，从而达到评价的发展性目的。

第二，自评与他评结合，确立自评为主的评价方式。他评（听课者评师生的"教"与"学"，师生互评"教"与"学"，生生评"学"）可以使评价更客观、更全面，提出的问题及建议也更有针对性和导向性。但是自评更真切，更有利于评价标准的内化，更能直接促进评价主体自身的变化与发展。

第三，实证化评价与人文化评价结合，确立人文化评价为主的评价方法。实证化与人文化评价方法各有优点，又各有不足。虽然量化评价的参考价值不可置否，但是我们既要尽可能消除听课评价方法的随意性，又要避免过度的量化倾向。例如，用"一个问题提出后，有几名学生举手回答"的量化记录来实证课堂参与品质，这种"客观标准"是不科学的。人文化评价方法重视对评价对象的鼓励，更具有教育性功能和过程评价优势，它更有利于实现发展性目标。因此，要将实证化评价与人文化评价结合，确立人文化评价为主的评价方法。

二、课堂参与品质和评价实践中存在的主要问题与探讨

目前，新课程、新理念教学正在推广之中，我们到各地听课调研，发现教师在运用新理念实施课堂参与教学，以及对课堂参与品质进行评价方面，取得了很大进步。但也有一部分教师在教学和教学评价实践中，存在一些与新课程理念相悖的问题。以下我们选择其中几个突出问题进行共同探讨。

第一，课堂参与效益评价——定量与定性相结合，不能忽视对课堂参与泡沫化的关注。

教师提问多，学生动手多，发表个人意见多，是课堂参与活跃的表现之一，是一种可喜的课堂新气象。这样的课堂教学，往往有机会获得更高的评价。但是评价者和自评者都不能忽视对课堂参与泡沫化的深入分析。

例一：某教师在上初二"纪律与自由"一课时，组织四名学生上台用五分钟表演"门框与玻璃"，博得台上、台下一片笑声。接着教师宣布 A 组学生代表"纪律"，B 组学生代表"自由"进行辩论，于是双方各持自己观点，争相发言，都期望自己的声言盖过对方。

这一教学案例，把教学活动与一定项目的具体情景挂起钩来，让课堂动起来，与传统课堂的归纳或演绎概念的教学相比，具有重要的认识论意义。但是从实践操作中，我们又发现这一案例存在一定程度上的不足。

首先，情感目标培养存在层次性缺陷。参与这种表演项目"使学生台上、台下一片笑声"所产生的心理体验，就心理学而言，在层次上只是暂时性情绪体现，而不是真正的情感体验。

其次，过程与方法目标效益差。教室不是牢房，到处都是门框与玻璃，以实物进行生动比喻完全可以达到教学目的，这种"群稚嬉戏"般的表演活动是"学习过程上的粗放型经营"，成为"课堂上的形象工程"。表面的热闹还导致教师忽视对部分学习困难、性格内向学生长期充当旁听观众现象的关注，遮盖了部分学生处于一种边缘化的状态，背离了面向全体学生的教育教学原则。

最后，认知与能力目标难到位。课堂参与学习中的分工合作不

同于产业分工，不能替代独立思考。独立思考是学生把感性认识上升为理性认识、自主建构认知的必备条件。否则，即使"学生活动多、发言积极、课堂气氛热烈"，如果缺失独立思考，也难以达到提高学生学习能力的教学目标。

因此，我们在鼓励教师"让课堂动起来"的同时，也要剖析课堂气氛热烈的背后存在的不足。在评价课堂参与时，要把定量与定性分析结合起来，要引导学生独立思考和学会合作，才能有效提高课堂参与品质。

第二，课堂参与师生关系评价——关键要看教师能否建立一种师生平等的关系，做好学生课堂参与学习的服务者和促进者。

在课堂师生地位评价中，"探究教学并不是杂乱无章的，而是教师精心编排的教学活动""教师不是演员，是编剧"，这些话成为许多教师评价师生关系的常用语。

例二：教师根据"剧本"中剧情的发展需要，设计几个需要学生参与的活动作为"点缀"。学生参与回答教师提问或特定问题的定向讨论作为对教师行动上的呼应。

这种课堂参与，过程流畅，教师导向明确。表面看学生是台上主角，其实只不过是教师（编剧、导演）操纵的提线"木偶人"。这种的学生参与是迎合教师意志，服从教师排演需要的被动参与，是教师不自觉地对学生主体地位的异化，是与主体性原则背道而驰的。

有时课堂小组讨论中，学生争相发言，而到了教师提问时，却只有寥寥几只手举起。这种差异，究其原因就在于小组讨论时，生生关系是平等的，学生参与就自然投入。而回答教师提问，学生要迎合教师意志，就会失去自我。

因此，课堂参与中学生主体意识的激发和主体地位的维持，关键在于建立师生之间的平等关系。我们对教师在课堂参与中的作用和地位评价，关键要看教师能否建立一种师生平等关系，能否做好学生课堂参与学习的组织者和服务者，能否对学生学习素质和社会素质的发展起到引导和促进作用。

第三，课堂参与探究性评价——既要把握评价的导向性，又要立足"最近发展区"，促进教师成长，提升课堂参与品质。

就探究性学习是对科学探究的模拟而言，探究学习有一个"提出问题—提出猜想、假设—收集证据—解释论证—交流评价"的一般结构。于是有些教师就机械地把这个一般结构定格为评价学生课堂参与教学模式的唯一结构标准，甚至由此推演出"只有某某章节内容（或问题）才能进行探究性教学，某某章节则根本不可能"等错误提法。本人认为，如果一个教学模式只能在 10% 的所谓优秀学校可以推广，只能针对 10% 的教学内容适用，只能在 10% 所谓优秀学生中取得良好教学效果，只能由 10% 的所谓教学能手来实施，那么这种教学模式即使有很强的方向性，但它的价值也是非常有限的。我们要在评价标准上坚持"多一把尺子就会多一个人成功"的理念。

例三：（1）学生通过社会调查或原始素材分析，提出问题—获取加工信息、解决问题—交流评价。学生探究性学习的主动参与过程由课堂延伸到课前课后。教师以"零教案"开展教学，只按具体需要进行组织、个案指导。

（2）学生以模拟现实情境的综合材料作为学习情境，降低提出问题、分析证据难度，在课堂中主动参与，完成探究性学习基本过程。

（3）学生以隐含特定知识的简编材料作为学习情境，探究的问题可以由教师或教材提出，在课堂中学生主动参与分析问题—交流评价等探究性学习过程，达到自主建构认识，提高能力的目的。让学生以"零准备"开始课堂学习。

以上三种教学方案，由于学习情境对现实问题的模拟精度不同，学生课堂参与的自主性和完整性等方面呈现出三种不同的探究性特征。这种多样性既体现了新课程理念的导向性，又立足于客观教学条件（环境），具有可行性。它们是依据不同的教学内容、不同的教学目的、不同的学生而采用的教学方案，在教学评价中都应给予支持和正面引导，不应随意予以否定。

因此，在评价实践中，评价者既要把握评价的导向性，推进新课程、新理念的实施，又要立足实际，脚踏实地推动课堂教学和评价改革，促进教师成长，提升课堂参与品质。

第四，课堂参与肯定性评价——要防止表扬的泛化倾向，并凸显表扬中的激励功能。

随着新课程的实施，许多教师学会了以欣赏、赞美的眼光评价学生，这无疑有利于学生个性的发展。

但是课堂中表扬的泛化倾向和以表扬替代鼓励的缺失，在评价中的消极作用不容忽视。

例四：在课堂中，为了调动课堂气氛，有的教师对学生表达不清的观点，甚至明显错误的主张，都不加价值取向方面的正当性分析，一律叫好。虽然教师的原意是对学生积极发言的"行为和态度"加以肯定，可是学生却把教师的表扬误读为对发表内容的认同。

这是一种典型的表扬泛化问题，危害很大：①容易造成学生认知错误，学到错误知识；②容易产生导向错误，不利于培养学生思维的严密性，使学生失去对严谨治学态度的追求；③不利于对学生进行挫折教育。此外，以表扬替代鼓励会导致表扬评价的激励功能被弱化。

例五：小A在课堂中提了一个很好的问题，教师只表扬他提的问题如何好，小A就会感受到教师关注的只是问题本身，而不是小A提出这个问题所做的努力，以及形成问题过程中所获得的进步，这样教师的表扬对小A的激励作用就被大大弱化了。

由此可见，虽然表扬中包含一定的鼓励因素，但"表扬"倾向于对"事"的赞美，是一种终绪性评价；"鼓励"倾向于对人的激发、勉励，是一种发展性评价，因此两者是不能简单替代的。如果教师把评价对象由事转为人，由关注结果转为关注小A的学习过程，那么教师评价对小A的鼓励作用就会大大彰显出来。

第五，课堂参与情感目标评价——要走出实证化评价的藩篱，注重运用人文化评价方法，强调评价的导向功能和激励功能。

长期以来，教学评价基本上是围绕学生认知领域而展开的，对学生情感领域的评价，还没有给予足够的重视。现在新课程把情感目标作为学生发展的首要目标。例如：一些学校通过一般行为规范，如行为举止、纪律表现等，对学生进行情感、价值观评价；一些教师对学生的学习态度、课堂注意、参与热情、性格倾向进行评价。这些做法都是对情感目标评价的有益尝试，但仅限于此，是不够的。

对课堂教学中情感目标的评价，我认为要在评价操作层面做到以下三点：

首先，评价主体要多元化，坚持自评为主。"我的进步，我自己最了解。"情感目标更是如此，因此情感目标评价更要坚持学生自评为主的策略。例如，强调让学生谈谈自己在学习过程中的心理状态、情绪体验、人本主义启示和自我觉醒，并进行个人纵向比较，获得进步体验。教师则要通过谈话、观察、了解学生在课堂参与学习过程中，学习品质和社会品质的进步和缺失，从而引导学生形成良好的人生观、价值观。

其次，评价内容要由行为规范评价拓展到品质评价。主要评价课堂参与过程中，学生学习品质（好奇、发问、批判、创造性、合作精神等方面）、社会品质（责任感、价值观取向、个性态度等方面）的表现和进步。

最后，评价方法要实证化和人文化结合。虽然对学生进行情感品质发展的记录是必要的，但情感目标又是难以量化，甚至根本无法量化的。评价者要走出实证化评价的藩篱，注重运用人文化评价方法，强调评价的导向功能和激励功能。

总之，实施课堂参与教学评价的根本目的是更好地促进学生发展，促进教师成长，改进教学。在目前推广新理念、实施新课程教学的过程中，既要坚持新理念教学评价的导向性，又要立足于课堂教学条件的客观性，支持教师在课堂参与教学与评价中尝试各种新理念，要允许一线教师在新课程、新理念实施中，存在各种各样的不足和失败。坚持发展性评价，帮助与鼓励教师改进课堂教学，提高课堂参与品质，使教师不断获得进步，走向成熟。（选自《新课程探索》）

情理交融　润物无声

陈凯

1958 年春，随着百万军官转业支援地方建设的行列，我到苏北一个县城中学——泰县姜堰中学，做了一名政治教师，从事青少年的思想政治和道德品质教育。我十分热爱自己从事的工作，把它看作是历史赋予我的责任和使命。从走上讲台的第一天到现在，我已在教学第一线工作了 *36* 个春秋，其间教授过 *6 000* 多名学生，进行过数万个课时的教学实践。*30* 多年来，我所追求的教学风格是：深入浅出，情理交融，潜移默化，润物无声。在自我进修和提高上，努力构建较为合理的能自动调节转换的知识智能结构；在做人上，推崇"真理力量"和"人格力量"的统一。这也正是我教育教学思想中最重要的部分。

一、致力于理论教学的深入浅出

在我国的基础教育中，要对学生进行马克思主义的基础理论教育。根据这个学科的特点和学生的生理心理特征，是可以兼用归纳和演绎两种方法的。但我总认为，对中学生进行理论教学，应尽可能使他们获得清晰的表象，以作为他们理解理论观点和发展理论思维的基础。20世纪80年代以来，我国教育界普遍重视发展学生的智能，我认为学生智能的发展，与他们接受知识时由"生动的直觉到抽象的思维再到具体事实"的思维过程是完全一致的。所以，在30多年的教学中，我一直致力于理论教学的深入浅出。

那是在我从事教学的第二年，在给学生讲"人和规律的关系"时，我没有从解释既定的概念出发，而是先给学生讲了两个当时当地的小故事。

一个是，我县洪林农技站根据远亲杂交优势的原理，培育出了高产稳产的葡萄棉，获得了国家颁发的科技奖。学校曾组织学生前去参观，详细听取和观察了葡萄棉的培育过程。在介绍中，农技站的同志还把学生带到一棵大树前讲了一个笑话：1958年，他们想夺取棉花稳产高产，心想如果把棉花与大树嫁接到一起，花枝茂盛，不怕旱涝，产量不是既高又稳了吗？然而，他们不知道草本植物（棉花为草本植物）与木本植物不能嫁接，结果忙了一季，却成了人们的笑柄。后来，在苏北农学院一位教授的帮助下，按照育种规律，从福建引来一个矮杆棉花良种与本地一种良种棉花杂交，经过三代优选，培育出了葡萄棉。

再一个是，当时泰县久旱不雨，人民政府曾请扬州驻军用高射炮发射"干冰"，促成人工降雨，一时传为佳话。就这个事例我解释说，现代自然科学证明，下雨是天空中带水汽的云遇冷凝结成水珠，当水珠的重量超过了空气的浮力，就降落下来而成为雨。古时久旱不雨，在晴空万里的烈日下，去求仙拜佛，祈求降雨，那是愚昧无知。在现代科学技术的条件下，通过高射炮或飞机向天空中带水汽的云喷射干冰，干冰可以吸收云层中的水汽而使温度降低，从而促使水汽凝结成水珠而下降为雨。我们设想一下，如果高射炮发射的不是干冰，不是射向有水汽的云，而是用炮弹射向万里无云的晴空，就是发射的是原子弹、氢弹，尽管威力很大，也不能降下雨来。

当我对这两个故事做了绘声绘色的描述之后，就让学生归纳总结人和规律的关系。在这个基础上，我再通过发射人造地球卫星需要克服地球引力的第一宇宙速度——7.9公里/秒和运载火箭的制造等条件，来说明人的主观能动性的巨大作用，以及它又必须建立在尊重客观规律和具备一定条件的基础上才能发挥作用的道理。整个教学过程轻松愉快，课堂上笑声不断。就是在这种轻松愉快的气氛中，学生接受了辩证唯物论的一个重要原理。

使中学理论教学深入浅出和通俗化，是马克思主义基本理论普及工作的一个方面。这个工作很有意义，但又很不容易。其中，要特别注意的是在致力于通俗化的同时，要保证其科学性，并达到材料和观点的一致。要做到这点，就要注意认真学习基本理论和通俗材料的日积月累，做到厚积而薄发。

那是 1985 年，我在教《政治经济学常识》"商品的两个基本属性"一节时，遇到了一个难题，就是对"一般劳动产品不具有价值，只有商品才具有价值"这个问题总是不能讲得通俗易懂。一天，我到市场上去买菜，遇到一位卖鸡蛋的老妈妈，每只蛋要 0.13 元。当时好几个人还价 0.12 元，她都不卖。有人说："自家养的鸡生的蛋，何必那么较真。"老妈妈随口答道："自家养的鸡，哪能不花功夫，不花本钱。"这句话一下子触动了我。我想，老妈妈不懂政治经济学，也不懂物化劳动和活劳动。但她知道养鸡生蛋要花功夫（活劳动），花本钱（物化劳动）。她把鸡蛋卖出去，一定要换回一定数量的货币，从而使她的功夫和本钱得到补偿；否则，她就不卖。这样就使这个出售的鸡蛋——用于交换的劳动产品所花费的劳动具有了价值的形态。如果老妈妈的鸡蛋，不是到市场上出售，不用于交换，而是送给女儿去过"满月"，那么她就不再考虑每只鸡蛋花了多少功夫和本钱。这不正好说明，劳动产品只有当它成为商品的时候，它所花费的劳动才具有价值的形态吗？想到这里，我就赶快回家制成资料卡片，并用这个市场小景来突破这个教学难点。这不仅使教学生动形象，并且还能引导学生用所学政治经济学的道理去观察经济现象。

学生思维的发展是有规律的。如果在教学中只注意"生动直觉"而忽视了对事物的"抽象概括"，那必然会导向教学和思维力培养的误区。因此，在致力于理论教学深入浅出的同时，我也十分注意马克思主义基础理论不可抗拒的逻辑力量。只是作为一种教学风格，一种教育教学思想，我特别注意通过"深入浅如""情理交融"，来达到"潜

"移默化""润物无声"的要求。

二、在情理交融中入理入真

根据列宁的思想，在马克思主义基本理论教学中，曾确立了一个"灌输原则"。就是说，无产阶级的世界观和政治观点，是不能自发产生的，它需要灌输。我领会，这里所说的"灌输"是从哲学意义上说的，是对于无产阶级思想不能自发产生而说的。从教学论的角度看，从怎样达到"灌输"的要求来说，则应是启发式的、生动活泼的、喜闻乐见的、有情有理的。"知、情、意、行"的德育规律，"动之以情，晓之以理"的中国传统教育都说明了这一点。因此，多年来我一直把"在情理交融中入理入真"当作教学的"上品"来追求。

曾有一个时期，几乎在每一届高三学生中，都有人来找我谈命运问题。我在一个班做了一次问卷调查，相信和基本相信人的一生都是"命中注定"的学生的比例竟达到 56%。针对这种情况，在讲了唯物论和辩证法的有关知识之后，我与该班学生进行了一次"一个人的命运究竟由谁来掌握"的专题对话。在对话中有一名学生提出了这样一个问题：一个女孩子去报考演员，没有选上。在走廊上遇到一位导演，导演让她参加复试，发现了她的才能，她被留了下来。后来导演又让她饰演主角，最终她获得了成功。大家说她命好，如果没有遇到这位导演，就会被埋没。这不是命里注定的吗？

我和一些不相信"命中注定"的学生一起给这名学生解释：这不是"命中注定"，而是我们平常所说的"机遇"。马克思主义是承认机遇的。对机遇应当作唯物主义的解释，机遇带有偶然性，但它是必然性的表现，这个女孩子在走廊上遇到导演，当然带有偶然性，但它是"一个有表演才华的女孩子就会显露出来，就会被人发现"这个必然性的表现。因此，机遇、命运这个东西并不神秘，它是偶然性和必然性的统一，是客观的，是可以解释的。如果看不到偶然性背后的必然性，把偶然性夸大了，就会陷入宿命论，陷入唯心主义的命运观。

这名学生还是想不通。她说："为什么有的女孩子有表演才华，有的却没有，说到底，还不是由命里注定。"我继续解释说："人的才能、才华是有差别的。这种差别应当说与天赋有关，但天赋并不是上天的赐予，并不是'命中注定'，而是可以用遗传学的知识说明的。因此，人在天赋上的差异，也是客观的、可知的。"

在说明了"命运""机遇"的客观性和可知性之后，我觉得还必须进一步说明命运的可变性和可把握性才能解决问题。于是我把讨论继续引申下去："那位女孩子的表演才华肯定与她的天赋有关，但单靠天赋，没有后天的努力也肯定是不行的。关于那位女孩子是怎样靠后天努力的，我们不得而知，但现实生活中有许多这方面的生动事例是可以用来加以说明的。"接着，许多学生根据"机遇总是留给有准备的人"的名言，从物理学家法拉第说到我国著名歌唱家，用许多催人泪下的人和事，说明命运是可变的，是可以把握的。最后，我们用唯物主义哲学家培根曾引用过的一句名诗"人人都可以成为自己的幸运的建筑师"，对这场专题讨论做了小结。整个讨论过程有情有理、有根有据，在相互启迪、情感交流中入理入真，达成共识。

20世纪80年代中期，我国教育界曾针对思想政治教育面对的困惑展开过一场争论。在争论中有人提出过"淡化理论"和"淡化教育痕迹"的观点。对"淡化理论"，如果说这是针对经院式的教学，针对过分拘泥于概念、名词和理论体系的完整性说的，我是赞同的，因为它有悖于这门学科的特点和中学生的生理心理特征；如果说这是在中学里，特别是高中的思想政治教育中，可以淡化理论，甚至不讲理论，我是不赞同的。因为我们的中学生，特别是高中生，到了十五六岁、十七八岁，思维能力已有较大发展，社会理想已经萌发，他们开始用自己的眼睛来观察世界，而又时时感到眼力的不足。他们迫切需要用来说明现象的理论武器，他们渴望从课堂上得到终身受益的东西，而不仅仅是现象的罗列和一时政策性的说明。关于"淡化教育痕迹"，不管是"淡化教育者的角色痕迹"，还是"淡化教育的成人痕迹"，都是针对当时思想政治教育的时弊提出的，我是十分赞同的。我国传统教育中，历来提倡"耳濡目染""潜移默化""春风化雨，润物无声"。实践证明，"成功的教育应该是忘记角色的教育""有效的教育往往是在不知不觉中完成的"。"板起面孔说教"只能导致政治教育的失败。30多年来，我一直把"在情理交融中入理入真"当作思想政治教育的"上乘"境界来着意追求。

三、与学生的精神需求和切身体验实行交汇

在我国的思想政治教育和整个德育工作中，从传统教育到当代教育，都比较注重社会对学生的要求，而忽视了对学生自身发展的需

133

求。但教学实践和教育理论一再呼吁，在思想教育中要注意与学生的精神需求和切身体验实行交汇。

那是 1984 年 8 月，一位考入南京大学的学生在离校时来向我们告别，满怀激隋地谈到了他学习思想政治课的收获。他说："在我们农村，老百姓都说生产责任制好，我学了《政治经济学常识》，认识到这是党和政府运用生产关系一定要适应生产力性质的规律，自觉调整生产关系，促进生产力发展的结果。老百姓都说开放集市贸易好，我认识到这是自觉运用价值规律的体现。有人不看好运输专业户，我用商品流通对商品生产有反作用的道理，来说明党鼓励、支持运输专业户，多开流通渠道的政策不会变。"最后这名学生深有体会地说："这使我认识到党制定的方针、政策都是以马克思主义的基本理论为指导的，都是为人民着想的。"

送走了这名学生，我想，在思想政治课的教学效果很不理想的今天，他为什么能获得如此深刻的体会呢？原来，这名农村学生的家庭经济状况原来比较困难，但在实行生产责任制和发展商品经济以后境况有了明显好转。他经常根据自家的切身利益来对照党的方针政策，并对与之有关的理论观点也感到特别亲切。

这名学生的情况，使我想起毛泽东同志总结第二次国内革命战争的经验时说过的一段话："要使广大群众认识我们是代表他们的利益的，是和他们呼吸相通的。要使他们从这些事情出发，了解我们提出来的更高的任务……接受我们的政治号召，为革命的胜利斗争到底。"我想群众的切身利益是他们接受党的主张的深厚基础。这名学生之所以对马克思主义的基础理论和党的方针、政策有如此深切的体会，正是因为所学理论与他的切身利益的体验交汇在一起了。由此我进一步想到，如果在我们的思想政治教育中，能够找出更多的交汇点，那么，肯定能够更好地促进教育的良性内化过程的实现，从而提高思想政治教育的效果。在这期间，《政治教育》发表了一篇很好的论述思想政治课吸引力的文章，文章说趣味性是增强吸引力的表层动因，马克思主义的不可辩驳的逻辑力量才是增强吸引力的深层动因。结合上述教学实践，我进一步想，如果把马克思主义的理论力量和学生的实际体验交汇在一起，就会产生更大的教育效果。于是，我开始了寻求思想政治教育交汇点的教育实践活动。

一天傍晚，我去学生宿舍，在很远的地方就听到宿舍里一片热闹的谈笑声。我刚跨入门坎，谈笑声戛然而止。问其故，学生笑而不答。再三询问，学生才不好意思地说："我们在谈一名男学生怎样才算有风度，怎样才算美。"在返回办公室的路上，我想，"爱美之心，人皆有之"，学生爱美而不敢言美，求美而不善审美，我们不能给学生开设审美课吗？于是，我以《一个人怎样才算美》为题给学生开了一个审美讲座。这个讲座受到了学生的极大欢迎，学生在课堂上报以热烈的掌声，课后还有学生来继续探讨。他们说像这一类的课早就应该给他们讲了。没有听到这类课的其他班级的学生也邀我去讲。结合寻求思想教育交汇点的实践，对这一教育现象我进行了反复的思考。行为科学告诉我们："内在精神需要是人的高层次的需要。"教育心理学还告诉我们："当外部教育因素触及了学生的内在精神需要的时候，就会使受教育者处于一种积极的接受状态，从而产生良性的内化过程。"这些观点帮助我认识到，这类课之所以受到学生的欢迎，是因为它在一定程度上满足了学生的内在精神需要，使学生困惑不解的问题得到了一定程度的解答，并在行为上得到了明确的指导。在对这一教育现象获得了一定的理性认识之后，我确信"学生的内在精神需求"应是思想教育的一个重要交汇点。

我校有一名学生酷爱物理和数学，曾在 1985 年全国物理竞赛中获江苏赛区第一名，数学竞赛中获二等奖。他曾一度对政治课的学习很不感兴趣，但后来，哲学却成了他的三大爱好学科之一。原来他渴望自己成为一名物理学家，而他在阅读一些著名物理学家的传记时，发现物理学乃至整个自然科学与哲学竟是那样密切地联系着，许多科学家的成就都得力于他们进步的哲学思想。于是，他开始自觉地学习哲学了。了解了这个情况，我因势利导，给他介绍《科学思想史》《自然辩证法简释》等著作，进一步巩固和发展他的认识。后来，这名学生在全国物理竞赛第三试中失利，思想波动较大，我又启发他就物理、数学竞赛的成功和失败进行哲学思考。这使他认识到一个既定目标的实现，不是单凭知识，也不是单凭处理好知识和能力的关系就能奏效的，它还要处理好成长过程中可能遇到的一系列矛盾，努力提高自己的心理素质和精神境界。从这名学生的成长中，我又看到了"学生的特殊兴趣和爱好"也是一个实施思想政治教育的交汇点。

在物理现象中，当策动力的频率跟物体的固有频率相等的时候，就能产生共振；在文艺欣赏中，当审美对象深深拨动了审美者的心弦的时候，就会发生共鸣；在思想政治教育中，当教育内容和学生的思想实际交汇在一起的时候，就能取得最佳的教育效果。总结多年的"寻找"实践，我写了一篇《寻求思想教育的交汇点》的论文。这篇论文曾在 1986 年全国中小学思想教育学术讨论会上宣读，并在《人民教育》等 5 种杂志上刊载和转载。思想教育与学生的精神需求和切身体验交汇，是我的"潜移默化，润物无声"教育教学思想的一种体现。

四、社会转型时期给学生以正确导向

每当在电视节目中，看到那些中华传统美德与现代意识和谐统一于一身的"东方之子"时，那些体现时代精神、催人奋发向上的动人故事时，那些开阔视野、活跃思维对焦点问题的精辟分析时……就使我禁不住产生一种"教育冲动"：把这些节目录制下来放给学生看，该有多好。社会存在决定社会意识，我们对社会上假恶丑的东西对学生的腐蚀忧心忡忡。如果把这些反映社会发展主流的东西及时地、形象地展现给学生，不仅能抵制假恶丑的东西对学生的腐蚀，而且会对学生的世界观、政治观、价值观、审美观乃至思维方式产生积极的、重大的影响。在社会大变动时期，道德品质和思想政治教育滞后于形势的发展是难以避免的，如果能够把这些反映时代脉膊的材料及时展现给学生，不仅可以弥补教育滞后的缺陷，而且可以和课堂上讲授的基本观点相互补充、相得益彰，增强德育的效果。一个时期以来，我们都在为德育手段的落后和效益的不高而苦恼。如果我们借助于电教手段和生动形象的材料，寓教于乐，寓教于形象激励和情理交融之中，就会更易于入耳入脑，为学生所接受……于是，我开始了一种尝试：把中央电视台和地方台有助于对中小学生进行德育的节目分门别类地录制下来，配以必要的注释和解说，然后通过课堂、课外活动、团队活动等渠道播放给学生看。一年多来，在学校和教育局领导的支持下，我围绕"社会转型时期给学生以正确导向"这个中心，按照《东方之子》《焦点访谈》《神州风采》《今日世界》《雏鹰行动》《第二起跑线》《品德教育》《法制教育》《经济常识》《哲学常识》《政治常识》等 10 多个门类，录制了 80 多集人和事，计 40 多个小时。市教育局电教馆还准备帮我将比较零散的材料加以编制，配上解说词，以增强效果。目前，这些材料正在我校和兄弟学校选用，反映良好。

我国传统德育十分重视理想人格的激励和导向作用。在我国历

史的长河中，曾塑造了一批批先哲圣贤、仁人志士，他们又教育出一代代伟人豪杰、民族英雄，构成我们民族的脊梁。文天祥在他的《正气歌》中所描绘的"在齐太史简，在晋董狐笔。在秦张良椎，在汉苏武节。为严将军头，为嵇侍中血。为张睢阳齿，为颜常山舌。或为辽东帽，清操厉冰雪。或为出师表，鬼神泣壮烈……"正是这一德育景观的写照。然而理想人格既有继承性，又有很强的时代性。它需要随着社会的发展，用新的理论、新的观念、新的内容加以充实和发展，特别是在当前社会转型时期，更需要把中华传统美德与现代意识和谐地统一起来。中央电视台的《东方之子》和地方台的有关栏目，在这方面做了很好的工作，它们所提供的一个个光彩照人的形象，不仅体现了继承性、时代性，还具有多样性、群众性，为我们用现代理想人格塑造人提供了丰富的材料。一年来，我以"中华传统美德与现代意识和谐统一"为基本要求，先后录下了50多位杰出人物的形象。例如，上海"抓斗大王"全国劳模包起帆和黑龙江"养鸡大王"全国劳模韩伟，他们不仅具有勤劳纯朴、自强不息、无私奉献的美德，还具有开拓进取、重视科学技术、面向未来的精神，展现了当代劳模的风采。

天津有一位大提琴演奏家叫董金池，他谦虚自尊，而又自信用西方乐器演奏中国乐曲，能够在世界乐坛上占有一席之地，为中华民族争光，因而勇于毛遂自荐，认为自己是一位"东方之子"；他刻苦学习，锲而不舍，而又大胆创新，在继承东西方演奏技巧的基础上，加以发展，形成了自己独特的风格；他立志成名成家，而这种愿望又是建立在掌握了娴熟的大提琴演奏技巧、通晓民族乐曲乐器及立志报效祖国这种深厚的基础之上。这些平凡而又崇高、"传统"而又"现代"的人物形象，增强了当代青少年的亲切感和认同感，进而增强了对他们的吸引力和导向作用。

我国传统德育注重受教育者进行自我教育，提倡"反省内求"，即"见贤思齐（齐：看齐）焉，见不贤而内省（省：反省）也"。这个德育传统在今天有特别的现实意义。因为在社会转型时期，一方面新思想、新观念、新事物不断涌现；另一方面，腐朽消极的东西也沉渣泛起，相伴而生。我们的学生由于年龄较小，知识、阅历不足，往往缺乏准确观察社会的能力，容易受消极东西的影响。社会上流传的 6+1=0（即一周在校受 6 天教育，被一个星期日所受消极影响所抵消）就是这个问题的反映。针对这一普遍困惑的现实情况，引导学生正确地观察社会，提高学生辨是非、识美丑的能力，使学生懂得"见贤思齐焉，见不贤而内省也"的道理就显得特别重要。基于这一思考，我首先注意转录反映时代精神和社会主流的东西，反映正确处理社会转型时期矛盾冲突的先进思想和先进人物，以给学生提供正确的舆论导向。其次，转录一些真善美和假恶丑对比的典型材料，通过强烈的颂扬和鞭笞，使学生逐步树立"见贤思齐焉，见不贤而内省也"的观念和习惯。再次，也注意转录一些反面教材。

爱国主义是德育的基础。社会主义、集体主义和正确的政治观、价值观、伦理观，以及优良的道德品质和行为规范的形成，都与深厚的爱国主义情感紧密相连，特别在改革开放和世界政治经济关系日益密切的今天，爱国主义的基础性质更为明显。因此，在我选录电视教育材料时，十分重视有助于发展爱国主义的材料。对祖国、对民族的深厚情感是经过长期的、多角度的、多层次的熏陶而形成的。在我选录的材料中，有徐洪刚、叶乔波、刘志艳等在国旗下对祖国所表达的那种坚贞不移、无怨无悔的真挚情感；也有归国青年学者陈章良、王海涛等从母亲讲述的"岳母刺字、精忠报国"的故事中获得熏陶进而立志报效祖国的深情陈述。黄河、长江、泰山、黄山等名山大川可以激发对祖国的热爱之情；《高山流水》《二泉映月》《在松花江上》也能陶冶对祖国的真挚之爱。1994 年 5 月中央电视台在《焦点访谈》中播放了一个专题，换一个角度看中国，该片访谈了来自美国、日本、澳大利亚、韩国、乌干达等 10 多个国家的企业家、留学生，请他们谈他们眼中的中国。这些来自不同国家的人士，从不同的视角道出了一个共同的认识：中国在世界的和平和发展中具有举足轻重的作用和辉煌的前景。这开阔了我们的视野，活跃了我们的思维：一个有五千年光辉历史、对人类做出过卓越贡献的民族，必将在未来的世界中对人类做出更大的贡献。民族的自尊、自信、自强之情也就由然而生。

中学思想政治课教材所阐述的马克思主义的基础知识和一般社会科学知识，在整个德育系统中具有不可取代的作用，它担负着为学生形成正确的世界观、政治观、价值观，以及良好的道德品质和行为规范提供知识基础和理论支撑的任务。然而教材具有相对稳定性，对于飞跃发展的形势来说，往往显得滞后；对于现实生活来说，则显得抽象。作为一名政治教师，在选录电视材料时，我还注意其与课本知识的有机结合。一方面使教材基本知识活化；另一方面把电视材料提到理论的角度去认识，使两者相互补充、相得益彰。在 1993 年首届国际大专辩论会中，初赛的"温饱是谈道德的必要条件"的辩题，半决赛的"艾滋病是医学问题，不是社会问题"的辩题，决赛的"人性本善"的辩题，涉及中学思想政治课教材的许多基本观点。学生对辩论会的实况录像很感兴趣，但对正反方的观点孰是孰非，莫衷一是，不会做辩证分析。针对这种情况，我结合学生所学知识提出：从经济基础与上层建筑、政治与经济的关系上看，我们不能脱离温饱而空谈道德，不能轻视经济建设而片面夸大上层建筑的反作用；然而不能说没有温饱就绝对不能谈道德，在经济建设中忽视政治、道德等上层建筑的巨大能动作用也是不对的。用辩证的观点看，艾滋病既是医学问题，又是社会问题。把医学上的攻坚纳入整个社会系统工程之中，在整个社会系统工程中努力寻求医学上的突破，方是应采取的对策。从社会存在与社会意识的关系上看，人的本质是社会关系的总和。探讨"性善说"和"性恶说"的社会价值在于充分发挥社会的教育功能，扬善抑恶，造就对社会有用的人才。从这里让学生领略到马克思主义基本原理巨大的社会应用功能。

随着现代科学技术的发展，生产的社会化程度进一步提高，社会分工更趋精细，综合性要求日趋明显，知识更新加快，文理相互渗透……这些反映在人才规格的要求上，则是要有更为合理的知识智能结构和更为优良的整体素质。因此，全世界都在注重整体素质教育。在这个大背景下，德育的视野应当进一步拓宽。我在选录电视材料时，注重选择基础性的和贴近学生实际的，同时在时间和空间上也力求放得更开阔些。上海东方电视台的《东方小故事》，汇集了中华传统美德的精粹，是对青少年进行品德和智慧教育的好教材；中央电视台的《第二起跑线》是中学生的专栏，形式生动活泼，内容贴近中学生实际，融娱乐性与教育性为一体，也是陶冶情操、发展智能的好材料，我都注意系统转录。随着独生子女的增多，"学会生存""学会关心""求自主、抗挫折"的教育显得越来越重要。为此，我录制了中央电视台《雏鹰行动》的大部分节目。为增强学生的跨世纪意识，我还注意转录展现未来的材料。《人与自然》栏目中所显示的生态环境意识，《科技时代》栏目中所显示的科技意识，中外科学家对彗星撞击木星所做的准确测算，两院院士谈未来所显示的人类的巨大能动作用，不论在培养学生的跨世纪意识，还是在启迪学生找准自己的坐标位置为人类做出更大贡献等方面，都将起到春风化雨、潜移默化的作用。

第六章

外国中学创业教育

创业精神是美国梦的重要组成部分。创业的机会和成功的机会一直是推动美国经济发展、技术进步、经济愿景实现的动力。近二三十年来，美国创业型经济不断发展，企业不断更新换代、推陈出新。那些缺乏活力、不能很好适应市场需求的公司不断被充满活力的、具有创新和创业精神的公司所取代。

全球化、技术创新和知识经济的整合凸显了创业精神的重要性。随着信息时代的到来，社会瞬息万变，机遇伴随着风险大量涌现，创业精神成为每个人取得成功必不可少的因素。在知识经济背景下，我们需要创新的解决方案、创造性的方法及新的操作方式。为了顺应社会发展的需求，美国高校创业教育已经从产生初期的商学院课程，发展为渗透进各个学科，试图为每位大学生提供机会的全校性创业教育项目（university-wide entre-preneurship education）。但是，仅仅由高校开展创业教育是不够的，对于不同教育阶段、不同类型的学校来说，创业教育有着不同的内涵。将创业教育整合到各个不同阶段的教育中意义重大。那些对创业表现出浓厚兴趣的儿童和青少年，应该在 K12 阶段有机会接触创业者和接受创业教育。青少年创业教育能够培养学生基本的生存技能，不管他们最终是成为创业者还是选择就业，他们都可以通过创业教育学会投资自己，并且在未来有更多的选择。创业教育能够培养经济持续发展所需的创业型人才。创业教育不仅仅是教育学生创办一个企业，还培养学生的创造性思维，提升学生的自我价值和责任心。创业教育带给学生：①识别机会的能力；②通过产生创意和整合有效的资源追逐机会的能力；③承受一定风险创办机构的能力；④创造性思维和批判性思维。

中学阶段的创业教育针对思维敏捷、创造力强、对现实世界充满无限好奇的青少年。在这批人中，有的天生就倾向于或者擅长于像创业者一样思考和行动，有的则还没有意识到创业精神对于识别机会和创造机会，并且实现自身长期目标的重要性。高水平的中学创业教育可以使前者更加系统地认识到自身的特长，并激发其创业精神和行为，实现创业梦想；对于后者，可以帮助其拓展创业知识和技能，即使他们当中大多数并不会去创业，但是加深对创业的理解，对于他们追求生活和职业生涯的成功也是十分必要的。因此，中学阶段的创业教育的目标是培养一批"前创业者"（pre-entrepreneur）。学校通过课程设置和实践活动，为学生提供创业机会，培养他们的创业意识和相关技能，并鼓励他们将创业精神运用于创业或者其他任何职业中。

美国中学创业教育最早可追溯到 *1919* 年"青少年成就项目"的创立。从最初由社会非营利机构提供青少年创业教育项目，到将创业教育项目纳入州立法，中学创业教育如火如荼地开展起来。

一、理念层面：关注公平与促进卓越

美国两大基本教育方针包括：①使国人享有公平的教育机会；②设法达到卓越。这种平等及至善的基础教育理念贯穿教育的各个层面，成为美国制定教育政策和开展教育实践的准绳。

1.关注弱势群体成长，保障教育公平

美国中学的学生常常是多民族、多种族、多肤色的。白人学生、亚洲裔学生、西班牙裔学生、非洲裔学生等拥有不同的家庭背景、社会资源和价值观，在学业成绩、解决实际问题的能力方面也存在着显著的差异。从总体上看，白人学生和亚洲裔学生的经济状况、学业成绩、个人期望等明显高于西班牙裔和非洲裔学生。大量处境不利的学生在传统的教学环境中选择放弃学习，甚至退学，从而引发校园内部的各种问题及大量辍学现象。在 *1994* 年《改善美国学校法》和 *2001* 年《不让一个孩子落后法》两部中小学教育法案的指导下，美国各州、地区和学校加大了教育投入力度、努力改善办学条件，促进每位学生的发展。

提升弱势学生的创业精神和创业能力是美国中学创业教育的重要目标和内容。通过对高中生的创业意向进行调查，研究者发现，非洲裔和西班牙裔等处于弱势的学生有着更高的创业意向。研究者认为，造成这种现象的原因有二。首先，相比白人或者亚洲裔学生，非洲裔和西班牙裔学生可获得的社会资源较少，他们在主流社会获得受尊重的职位的机会少于其他学生，他们更倾向于通过自身的创业努力获得社会的认可。其次，传统的教学内容和教学方式令他们对学校教学失去兴趣和信心，致使他们学业成绩落后。经济上处于弱势的学生更希望学习一些与社会实际紧密联系的知识和技能，更希望所学的内容对改善自身的家庭状况有所帮助。针对这种现象，美国成立专门针对弱势群体的创业教育项目。

2.培养学生的创新创业精神，促进学生发展

纵观美国从 *20* 世纪 *80* 年代初发起的基础教育改革，其鲜明的特色就是危机意识贯穿始终，而这种危机意识的背后就是如何保持并提升美国在世界上的竞争力。*1983* 年，美国高质量教育委员会发表《国家处在危急中：教育改革势在必行》；*1989* 年，出台《普及科学——美国 *2061* 计划》；*1991* 年和 *1994* 年，相继颁布《美国 *2000* 年：教育战略》和《*2000* 年目标：美国教育法》；*2002* 年，出台《不让一个孩子落后法》。危机意识引发的教育改革有效地促进了人才培养和经济发展。诚如美国前总统乔治·布什在 *2006* 年宣布"美国竞争力计划"（American Competitiveness Initia-tive，ACI）时指出的："美国的经济是健康和富有活力的，比任何其他发达国家发展得更快……美国的经济是卓越的，但我们在动态的世界经济中不能自满得意。我们正面临着新的竞争者，如中国和印度，而这造成了不确定性。""为了保持美国的竞争力，我们的承诺是最为必需的：我们首先必须继续在优秀人才和创造力上引领世界。我们在世界上的最大优势就是我们总是有受过良好教育、勤劳工作且富有雄心的人民，我们将继续保持这一优势。"

在中学阶段开展创业教育体现了美国政府、企业界人士、非营利机构等试图培养学生的创业精神和创业技能，培养青少年的事业心、责任感、机会识别能力，以及敢于冒险、充满激情的人生观和世界观，使他们在不确定的未来人生中学会生存，学会学习，学会与他人相处，最终达到人生的最高目标。目前，美国在各界人士的共同努力下，已经出台了旨在提升创业教育质量和效果的《美国创业教育国家内容标准》；构建创业教育的终身框架，保证创业教育各阶段的衔接；组织基于体验的创业教育项目，帮助学生在活动中提升创业意识和能力。

二、实施层面：构建创业教育联盟

美国教育部努力加强教育界、企业界、社区、政府领导者之间的合作，以提升美国的基础教育质量，使学生更好地适应 *21* 世纪的新要求。从纵向看，创业教育是一个终身的学习过程，不同的教育阶段拥有不同的创业教育目标。在具体实施过程中，各教育阶段需要紧密合作，保证创业教育的连贯性。从横向看，中学的创业教育需要整合企业界、社区、基金会等各方面的资源，为创业教育的顺利实施提供人力、物力、财力保证。

1. 使所有学校，尤其是那些潜在的"辍学学生加工厂"的学生有机会接受创业教育

美国通过两种途径扩大创业教育的影响力，保证越来越多的学生有机会接受创业教育。一方面，美国已经开始将创业教育纳入正规的州教育标准，鼓励教师和学校管理者将创业教育引入课堂。另一方面，非营利机构的创业教育蓬勃发展。美国中学创业教育始于非营利机构的创业教育活动，这些非营利机构的创业教育也随着社会需求的不断增加而不断创新。目前，这些非营利机构已经为学校提供了多样化的创业课程和创业教材，有些项目甚至产生了全球影响力。另外，随着信息技术的发展，学校或者社会机构越来越多地利用媒体推广创业教育，增加学生接触创业家、创业活动和创业教育的机会。

2. 鼓励中学与社区学院、四年制高等学校之间建立正式的创业教育合作伙伴关系

美国高校创业教育逐渐成熟，大量的创业中心、创业席位、创业活动不仅培育了年轻一代的创业者，而且极大地推动了社会经济的发展。目前，已经有大部分的高等院校至少提供一门创业课程，创业教育正逐渐向各个不同的学院拓展，成为全校性的项目。社区学院对推进创业教育也有浓厚的兴趣，很多州成立了"社区学院创业教育协会"，专门关注社区学院的创业教育进展情况。

美国大学是中学创业教育的坚定支持者。一方面，美国大学承担了培训创业教育师资的责任。大学通过组织短期的创业教育培训项目，使用一系列新的教学方式，如远程教育、体验学习、基于问题的学习、团队构建等，吸引当地的创业者担任导师、演讲者等，培训中学创业师资。另一方面，大学还承担起创业教育研究的任务，开发创业课程，帮助评价中学阶段创业教育项目的实施效果。

3. 鼓励学校、企业、社区机构建立强有力的联系，支持商业领袖的创业导师角色

创业教育的顺利开展也需要企业、社区、地方机构的紧密合作和支持。首先，创业者是创业教育项目人力资源和财力资源的提供者。美国企业家有着捐赠教育的良好传统。目前，美国大学很多创业中心、创业席位直接以某位创业者的名字命名，以表彰他在创业中心或创业席位构建过程中的慷慨资助。同时，创业者还经常被邀请作为创业导师，指导学生的创业计划，参与青少年的创业活动，等等。其次，社

区是良好创业教育环境的构建者。创业环境是创业教育顺利开展的重要条件。美国的社区积极组织各种创业活动，提供创业教育的场地，鼓励学生的创业精神，构建了良好的创业教育环境。同时，一些地方机构，如商会、小企业开发中心、创业者组织等都是创业教育项目的有机组成部分。这些机构除了能够提供新的创意之外，还能为学校的创业教育项目构建强有力的合作伙伴网络。如果商业领袖成为学生的创业导师，他们也更加愿意支持学校其他的项目。

4. 充分发挥政府职能：成立咨询委员会和创新创业基金

州创业教育咨询委员会是由教育者、政府官员、商界领袖及其他利益相关者组成的咨询委员会，帮助推广创业教育项目。美国一些州通过具体的措施确立了州创业教育咨询委员会的正式地位，如内布拉斯加州和西弗吉尼亚州。

美国还成立了各种创业教育创新基金，挖掘并资助创业教育典型项目。目前，美国的考夫曼基金会、科尔曼基金会等大力支持全美各层次的创业教育。作为非营利基金会，它们按照创业的理念运作，集合广泛的资源用于资助创业教育项目。州政府也建立创业教育创新基金，支持教师培训或者开发新的创业教育方法，对于推动或刺激教师创新活动具有重要的意义。除此之外，美国还开展形式多样的青少年创业奖励项目，吸引优秀青少年组织创业团队，撰写创业计划，实现创业梦想。

5. "创业周"的实施：构建创业教育联盟的有效尝试

"创业周"项目是指通过调动各种机构，如政府、学校、企业、媒体等的积极性，在特定的一周时间内系统开展多样的创业教育和创业活动，为青少年提供创业氛围和体验，培育青少年的创业精神。2006年6月，美国众议院通过了一项决议，关注创业者及中小企业作为新工作岗位创造者和创新成果提供者的创造性努力；鼓励在全美范围开展创业教育；支持"全国创业周"的目标和理念，使人们了解创业者的贡献，促进教育者思考创业教育如何更好地提升学生的技能。国会充分认识到"全国创业周"对培育未来创业者的重要性，指出"明天的创业者在今天的学校里"。在众多机构和有识之士的努力下，2007年2月24日到3月3日被确立为美国第一个年度"全国创业周"。目前，"创业周"已经发展成为一个全球性的活动。

不同组织在"创业周"项目中扮演各自的角色。其中，创业教育联盟的主要任务是"支持全国各个教育阶段创业教育的发展"，不仅调动青少年对创业的好奇心和积极性，更重要的是将创业所需的知识、技能和态度传递给当代的青少年，使他们成为成功的创业者。考夫曼基金会与《纽约时报》及其他非营利机构、企业共同赞助"创业周"的开展，鼓励 14 ～ 25 岁的年轻人将创意付诸实践。目前美国大部分的年轻人希望创办企业或者进行创业，但很少有人有机会获得这方面的教育，"创业周"为他们提供了一个实现创业梦想的机会。"创业周"通过多种多样的创业活动和体验，培养学生的创业态度和技能。"创业周"的活动主要包括：

（1）开展地区性创业活动。全美的社区和学校在"创业周"的整体框架下举办各种创业活动，如在线模拟或游戏、创业计划大赛、创业讲座、研讨会和论坛等。

（2）建设交互式网站。这类网站鼓励那些希望发挥创业潜能的青少年与教师、工商界人士及其他人士合作，将网站建设成为相关信息的交流中心和虚拟的交流平台，以鼓励深入的创业教育讨论。

（3）提升政策导向。当地和州政府开发与创业相关的活动，提升政策制定者的创业意识，教育者、政策制定者将创业教育视为终身学习过程。

（4）增加宣传力度。利用全国媒体在全美范围内宣传年轻创业者的"真实故事"，宣传不同学校开展创业教育的情况，促进广大民众对创业教育的思考。

"创业周"试图通过这些活动，使各年龄段、各种族、各种工作领域的人都产生对于创业重要性的共鸣。它不仅能对参与者产生重要影响，而且有利于创业型社会和经济的发展。帮助每位美国年轻人意识到他们的"创业潜能"，鼓励他们"创造工作，而不是占据一个工作岗位"，是"创业周"项目的重要指导原则。

三、项目层面：美国中学创业教育项目的设计原则

创业者是一个探索者和冒险者。创业教育项目在设计过程中不能因循守旧、千篇一律，而应该与"创业"的精神实质相吻合。教育者应该致力于设计更好的创业教育项目，并且不断改善现有的创业教育项目。根据美国中学创业教育的经验，有效的创业教育项目依赖创业教师的灵活性、创新性和灵感——创业教育项目是随着需求、环境

和机会的变化而不断变化的。创业教育者应该不断探索新的机会，产生新的创意，保持创业精神，这样才能有效保证通过教育将创业精神和创业意识传递给青少年。美国中学创业教育项目在设计过程中遵循了如下标准。

1. 任何创业教育项目的设计必须构建明确的目标

创业教育项目针对不同的学生群体，有些学生对创业充满兴趣，希望系统学习创业的知识和技能，将创业作为今后的一种选择；有些学生则仅仅希望了解创业。因此，在项目设计之初，设计者就应该明确：其目标是为了培育创业者还是为了激发学生的创业主动性？它旨在增加创业意识还是播种创业种子？它是为了创建工作岗位还是提升学生的自信心和自尊心？创业教育目标往往与评价标准紧密联系。如果创业教育项目缺乏明确的对象群体和目标，就很难在项目实施之后进行有效评估，很难促进创业教育项目的进一步完善。

2. 不要关注"正确答案"，不应该期望单一的"正确答案"

创业者不承认"只有唯一正确答案"这个论断，他们总是试图寻找更新、更好的解决方法。创业教育项目就是要培养学生的这种态度和精神。应该鼓励学生挑战任何事情，培养学生的质疑精神，激发学生思考"这个答案立得住脚吗？还有没有更好的解决方法"。现今的教育体系中存在严重的"正确答案导向的学习"，教育系统常常用这样的思维培养学生和评价学生。学校大量的教育项目都侧重于培养学生线性思维的左脑教育，缺乏培养学生创造性能力、发散思维的右脑教育。很多拥有学习潜力并具有创业精神的学生，往往在常规教育项目中被认为是"后进生"，最终导致教师对这些学业成绩不突出的学生产生较低期望，或者导致学生缺乏自信心和自尊心，降低学生的自我成功期望。创业教育在设计过程中应该尊重学生学习能力的区别，关注学生的创造性思维。

3. 基于活动的创业教育项目设计

创业者不仅仅是创意的产生者，更是"实干家"。诚如约瑟夫·熊彼特（Joseph Alois Schumpeter）所说，他们是"创造性破坏者"，不断破旧立新，因此创业教育项目也不应该把学生置于消极学习的地位。学生必须参与各种活动、研究、调查、规划，必须在实践中学习如何追求机会和产生创意。学生应该学会释放、运用、实践、发展他们的创业潜能。在"做中学"不仅仅是学习创业的好途径，它也清晰地表明培养创业精神需要付出努力和精力。

4. 项目应该鼓励短期成就

很多学生对"创业"怀有恐惧心理，觉得创业必须是创办企业，或者必须产生巨大的经济和社会价值。这是对创业的极大误解。从本质上看，创业是由一系列短期目标所组成的活动，创业过程的重要性大大高于创业结果的重要性。有效的创业教育项目应该使参与的学生时常拥有能够明确感受到的成就体验。因此，创业教育项目是由一个个能够通过努力实现的短期目标组成的。学校应该根据学生个性和特长的不同，制定不同的短期目标。应该培养学生的成就意识，即让他们认识到他们是有潜能和能力完成事情的人。这些成就动机和目标设定可以成为学生的动力。同时，应该鼓励学生质疑和挑战固有的答案，寻找更好的途径去解决问题。

苏格兰中学创业教育

创业精神的培养是年轻人工作生活不可缺少的一部分。而在知识爆炸的今天，任何人都不可能独自掌握所有的信息，学校也就成为年轻人未来生活的主要准备场所。创业教育不仅是教育方法的改革或教育内容的增减，而且是教育功能的重新定位，是带有全面性、结构性的教育革新和教育发展的价值追求。这是一种反映时代精神，以培养创新创业型人才为价值取向的新的教育思想和教育理念，反映了人们对教育本质及其规律认识的不断深化，是对教育活动的价值规范。与此同时，创业教育是一种高层次的素质教育，发展学生的创造性思维能力、专业能力、实践能力，培养学生独立学习的品质、创新开拓的意识等是创业教育所追求的具体目标。

受就业压力增大、人口流动性强等外在因素的影响，苏格兰的创业教育也在不断发展。

一、苏格兰中学创业教育的特点

在探究苏格兰中学创业教育运行过程的基础上，进一步分析苏格兰中学创业教育活动的特点，主要涵盖如下六个方面。

其一，以学生为中心，面向全体学生，各个因素相互协调。以学生为中心的教育理念是开展创业教育的关键。学校的创业教育活动并非仅仅是为了迎合社会的需求，学生的需求和特点是创业教育的核心问题。学校为了配合学生的不同特点，提供了不同类型、不同程度的教育活动供学生选择。在某一个教育活动中，学生也可以根据自己的偏好和特点来选择所担任的职务、所需完成的义务。

同时，学校强调创业教育要面向所有的学生。当然，这里所指的面向所有的学生并不是指给每个学生同样的帮助以期达到同样的结果，而是指所有的资源向所有的学生开放，给所有学生平等的机会，以达到最佳的效果。

为了实现将年轻人培养成为具有创业精神的新世纪公民的目标，创业教育活动中的各个主体都是平等的，而并非教育从属于工商业或者工商业从属于教育。学校始终是一个教书育人的场所，而并非工厂企业，其根本目的并不在于赢利。因此，学校在开展创业教育活动时要始终把持住自己的价值观，清楚地意识到创业活动的主体是学生。在此前提下，教育、商业、其他组织和社区都是为了同一个目的而服务的合作者，学校在创业教育活动中处于主导地位，始终把握着前进的方向。

其二，追求广义的创业教育理念。苏格兰中学创业教育的主要特点是以培养创业精神为目标，以项目为核心，由学校自发开展，政府逐渐推动。其形式虽然主要表现为创业教育项目的开展，但是，创业教育不仅是学生在校就读期间在特定时间里参加一些特别的活动，它还包括培养学生的创业价值观和创业态度。简言之，就是要将学生培养成为具有创业精神的公民。所谓具有创业精神的人，就是能够在高技术、变化快的工作环境中生存并发展的人。创业精神包括一系列现代生活工作所要具备的知识技能和态度，如社会责任感、沟通的技能、团队合作的能力、评估风险和承担风险的能力、领导力、想象力、创造力、自信和自立等。

具有创业精神的人要不断地寻求各种有效的方式去实现他们的目标。他们并不一定是企业家，仅仅是指在商业上获得成功，而在其他的复杂环境下并不一定能够取得成功。具有创业精神的人能够在社会生活的任何方面、任何行业都适应并且展现自己，他们具有乐观向上的精神，相信任何事情都是有可能发生的。这样的人在生活中是积极投入的，能够主动掌握自己的生活，并且感染和影响周围的人。苏格兰中学所提倡的创业教育正是要培养这种类型的新世纪公民。学校要为所有的年轻人提供尽可能多的机会，让他们能够在这个复杂的社会中找到自己的生存之道。同时，这也是为社会的发展做贡献，因为苏格兰的未来需要依靠更多具有创业精神的公民。

其三，创业教育课程设置以活动课程为主。创业教育并非苏格兰中学的传统学科部门，也不容易立即加入现行的中学课程模式中去。同技术教育、艺术和设计一样，创业教育也关注想象力和创造力的培养，也提倡生产性学习。它也是促进社会和个人发展的因素之一，能够帮助个体更快速、更有效地适应社会。既然创业教育能够为学生提供全面的学习经验，它就应该在苏格兰中学的课程安排中找到合适的位置。在苏格兰中学里，创业教育的开展形式主要有课外活动和渗透式教学两种，其主要目的是保证学生能够学到扎实的基础知识，并且不破坏原有的课程设置。

在低年级，创业教育主要安排在中午和下午放学以后的时间段里。而在高年级阶段，由于课程本身就比较少，可以安排比较集中的时间来进行完整的项目活动，创业教育也被集中安排在一个学期的一两周内。此外，大部分创业教育项目也都是利用学生的课余时间来进行的。由于创业教育项目是根据学生的能力、所学知识和经验来安排的，并不强迫每个学生都要达到一定的标准，完成一定的任务，因此苏格兰中学的创业教育项目并不会加重学生的课业负担。此外，另一种创业教育的形式是渗透式教学，即通过对教师的培训和引导，使他们在课堂教学中使用创业教育教学方式，将创业教育的理念融入日常教学当中。在这种情况下，学生通过对基础知识技能的学习，同样能够领会、理解和掌握创业精神的本质。

其四，重视校园创业教育氛围的建设，建设创业型学校。学校创业教育氛围的形成能够促进学生创业价值观和创业态度的形成。人和人之间、人和环境之间相互影响，这决定了创建文化氛围的重要性。

学校管理和组织的方式也是影响创业教育氛围形成的重要因素之一。因此，有些苏格兰中学不仅向学生传授创业教育，在对学校的建设和管理中也体现了创业精神。其希望将学校创办成有创业精神的学校，有创业精神的学校要对行动有积极的倾向，要努力唤醒教师、学生和家长的创新意识，推动教育的发展和社会的进步。这要求学校师生努力成为具有创业精神的人。开展创业教育的学校首先要成为一个创业型学校。所谓创业型学校，首先它必须是一个学校而不是企业，不是要将学校创办成企业，按照企业的经营模式来管理运行。学校的主要目的是教书育人。在此基础上，它更是一个学习场所，即将学校建设成为一个学习的场所，在这个场所里，年轻人能够受到最好的教育熏陶。这里所指的教育并不只是一门狭隘的课程，并不是追求让学生在考试中获得高分，而是要涵盖更广泛的方面，包括创业教育所倡导的理念。在创业型学校中没有失败者，因为它要培养学生的想象力和创造性，而学生天生就是极富想象力和创造力的。在开发潜力的过程中，每个学生都能够获得成功的喜悦。因此，一所创造型的学校通常也是一所成功的学校，一所进步的学校，一所站在教育改革前沿的学校。

其五，地方的需求和周边的环境是促进创业教育开展的因素之一。和职业教育、商业教育等的产生一样，社会需求是激发教育新领域产生的主导因素。现代社会的竞争日益激烈，对人的要求也越来越高，年轻人必须为日后的工作生活做好准备。而创业教育所提倡的培养目标和培养方式正符合了现实社会的需求，它和基础教育、职业教育、商业教育等紧密地结合起来，在实现个人目标、推动社会发展等方面起着重要的作用。

周边环境则是促进创业教育发展的另一个重要因素。如果周边环境没有有利的因素，学校则必定会和一些知名企事业单位建立合作关系，给学生提供参加创业教育活动的机会。周边环境的重要性同创业氛围的建立一样。周边环境对创业教育的重视能够促进社区、家长和学生对创业教育的支持，还能够促进政府对创业教育的重视。从苏格兰中学创业教育的发展过程中我们也可以看出，社会逐渐重视创业教育之后，政府也开始组建研究小组对中学创业教育实践活动进行调查研究，并制定出指导性文件，促进创业教育的发展，使其形成一个良性循环。

其六，注重教育的连续性和延续性。苏格兰中学的创业教育非常注重教学的连续性。中学对新生的创业教育是建立在学生小学学习经验的基础之上的，课程的时间安排和难易程度选择都是以学生先前的学习为基础的，从而保证从小学到中学的创业教育教学有一个平稳的过渡。另外，创业教育项目的安排也有一定的连续性。同时，中学创业教育的设置也注重与高等学校创业教育的衔接。

二、苏格兰中学创业教育有效运行的影响因素

影响苏格兰中学创业教育有效运行的因素主要包括以下几方面。

一是有一支对创业教育有热情、有激情的中学班主任队伍和一个高级管理团队。创业教育要与课程有效地进行整合，必然会碰到很多问题。尤其是在中学，会产生很多不可预知的问题。但是，事实证明，当中学班主任准备全身心地奉献于创业教育时，学校常常会找到满足各类课程安排和创业教育课程特殊需要的方法。尤其是在中学高年级阶段，由于课程表的制定有较大的灵活性，创业教育课程能够在 时间上得到更加恰当的安排。支持创业教育工作的高级管理团队也是必需的。从一篇关于职业教育的报告中可以看出，学校往往将创业教育的权力授予校长助理，因此这支高级管理团队如果没有相当的意识和能力，也会阻碍创业教育的进一步发展。

二是有能力的、乐于奉献的员工，适当的课程安排和其他一些必需的资源。苏格兰目前跟晋升首席教师相关的程序是面向课程而不是面向一些领域或者某些主题的，如职业教育等。这就意味着并不是所有的教师都愿意去尝试创业教育之类的新生事物，尽管有些学校已经有高级创业教育教师的称号。因此，一定数量的乐于奉献的职员，一个固定的场所，一些可以利用的教学资源，对于创业教育来说都是必不可少的。商业教育部门可以提供部分有用的资源，但是，当学生需要和其他专业相关的资源时，就必须到艺术、家政等部门去借用，这就显得非常麻烦。所以，一些学校建立了创业教育专用教室，学生可以在此获得所有他们可能需要的东西，并且这些教室在午饭时间向他们自由开放，从而避免了各个部门之间混乱无序的状态。

三是明确的目标定位。创业教育应该放在教学计划的哪个部分？是课堂教学还是课外活动？它应该归属于哪一个部门系别？现实中有没有创业教育部门？是否可以将其看成商业教育学或者领导学、家政学的一个部分呢？对于这些问题，苏格兰通常是根据开展的活动的类型和教师所擅长的技能来确定的。中学一年级的创业活动中就根据不同的项目采取不同的措施，比如"向曲奇饼挑战"项目就是跟家政学联合进行的，家政学又经常和苏格兰学生志愿者结合在一起，商业教育经常加入创业教育和苏格兰青年创业教育项目。成功的创业教育在课内或课外都有一个明确的定位,确定创业教育是课内还是课外的,取决于学校组织和管理课程的特性。通过一些小范围的试验发现，这种学习方式可以帮助学生掌握创业技能，提高就业能力，并获取一些核心技能的资格证书。

四是为创业提供教育权威支持，以及帮助培训职工。在 EBP 占主导地位的区域，很多学校都开展了创业教育。EBP 主要负责给学校提供培训和新的资源，以确保学校能够有效地与商业发展保持密切的联系，并且定期对学校进行评估和提供一些必要的帮助。在那些已经有了职业和创业教育政策的地方，当地中学会将这些纳入他们的发展计划当中。如果 HMI 明确将这些放在常规的视察工作框架内，创业教育会被提到优先发展的位置。由此可以看出，EBP 和 HMI 有明显的导向作用。

五是有效的鉴定标准和鉴定方式。对大多数学校来说，对创业教育进行适当的评估是相当重要的。对创业教育进行评估会使教师、学生、家长和职员认为这是一件有价值的事情，能够提升他们开展和接受创业教育的积极性。但是，创业教育发展的知识、技能和态度是极其广泛的，涵盖了财政知识、时间管理和自信心的培养等，有些容易评价，而有些很难评估。因此，选择一个恰当的创业教育评估方式非常困难。对学生来说，现在可以通过 EBP 提供的证书来肯定自己的学习成果；对学校和教师来说，创业教育的传授方式是否正确可以依靠 SQA 来鉴定。但是后者的适当性还存在着一定的异议，需要进一步考究。总的来说，大多数首席教师认为通过与 ICT 等相结合来传授创业技能效果并不是很理想；而大多数职员则认为，通过创业活动来传授核心技能还是比较理想的，而且可以看到最终的效果。

澳大利亚中学创业教育

随着科学技术和知识经济的发展，澳大利亚要求劳动者既具有熟练的技能，又能够适应瞬息万变的社会，具有冒险精神、创新精神和创新能力。年轻人将会被要求具备更多的知识和技能以适应他们的工作需求和职业发展。社会对年轻人知识和技能要求的提高意味着学校必须在培养学生具有熟练的技能、创造性、进取心、终身学习的态度等方面扮演重要角色。因此，学校必须培养学生适应现代社会的千变万化的需求，让澳大利亚的年轻一代尽可能地接受创业教育，以适应未来社会需要的技能和品质，如团队合作能力、诚信和适应力等。创业教育把学校与商业及社会联系起来，培养学生对职位的理解性，寻找自主创业的机会，营造一个年轻人能够对自身未来富有更多责任的文化氛围，使学生学到与真实生活、工作切实相关的知识和技能。

一、澳大利亚中学创业教育目标

澳大利亚中学创业教育的培养对象主要是 7～10 年级的学生，目标是将他们培养成具有创业特征、创业素质、创业技能和创业品质的人，要为广大学生从中学过渡到高一级学校或者就业做好充分的准备，使他们具有适应性、革新性、创造性、开创性等个性品质，以便应对充满不确定性的未来世界。

1.培养具有创业特征和创业素质的人

如表所示，澳大利亚教育、科技与培训部在确定创业教育定义的同时，也确认了创业教育的培养目标是具有下列创业特征和关键素质的人。

具有创业精神的学习者的关键素质

关键素质	创业特征
连通性	·学以致用的能力　·有效的沟通能力 ·积极参与社区活动

参与性	·做出重要贡献　·以任务为目的，注重结果 ·应用现有知识获得进步　·有效地管理时间和资源
灵活性	·利用机会的有利方面 ·积极组织并及时反馈各方面的信息 ·对挫折能够从容应对
责任心	·对自己的行为负责 ·自我认识和自我定位准确
伦理性	·为社区发展做出应有的贡献 ·与公认的价值观保持一致

2. 培养具有创业技能和创业品质的人

澳大利亚中学实施创业教育的指导书——《中学的创业教育》中提到，创业活动的设计必须以培养和发展学生的下列创业技能和品质为目标，其与小学创业教育设计目标存在一定的差异性。

中小学创业教育设计目标异同点

相同点	不同点
策划和使用创造性的意见和过程	人际沟通和交往技能
制造、分析并评价机会的有利方面	收集、分析和组织信息
发挥主动性	互相交流意见和信息
分析、评价和管理风险	计划和组织活动
收集和管理资源	在团队中与团队其他成员合作的能力
把个人的优缺点与活动相联系	利用数学技巧
快速有效地适应变化	解决问题
引导和评价他们自身及他人的表现	利用技术

从上述异同点可以看出，创业技能和品质也是一种广义的概念，并不是真正开创企业所需的知识和技能，而是关系到学生今后处理实际学习、工作及生活问题所需的基础技能和品质。研究者也根据学生的成长规律，在中学阶段为其确立了相应更高的目标。

二、澳大利亚中学创业教育的主要特点

从澳大利亚中学创业教育的实施情况及实践案例中，我们可以分析出以下一些特点。

1. 以培养学生的创业素质为目标

澳大利亚中学创业教育的主要特点是以创业精神和创业素质的培养为目标，以项目为核心，由学校自发开展，政府逐渐推动，其形式虽然主要表现为创业教育活动项目的开展，但创业教育的内容不仅包括让学生参与一些特定的活动，更主要的是通过这些活动培养所有学生的创业价值观和创业态度，为学生在知识、技能、体质和心理上做好充分的准备，逐步提升学生的责任感和使命感，成为一名合格的社会公民。简言之，就是要将学生培养成为具有创业精神和创业素质的公民，使他们能够在这个迅速发展、日新月异的社会中生存并发展下来。创业素质包括一系列现代生活工作所要具备的沟通技能、团队合作能力、风险评估和承担能力、领导能力、创造力和创新能力、社会责任感、自信和自立等。

同时，创业教育也是一种可以有效地吸引学生积极投入学习中，并发自内心地参与到真实学习情境中的综合教育方式，它能使中学生在现实环境中关注自身创业素质的发展。对于中学创业教育来说，它的目的并不仅仅是培养能够独立开创自己企业的人，即不仅仅追求成为商业上成功的企业家，而是要培养学生具备一种广泛的创业精神和素质，促使他们不断地寻求各种有效的方法去实现自己的目标，能够快速适应社会并且成功展现自己的特有才能。具有这种创业精神和素质的人，对生活抱有乐观向上的态度，相信任何事情都有可能发生，在生活中积极投入，并能够主动掌握自己的生活，同时感染和影响身边的人，成为杰出的领导者。澳大利亚所倡导的创业教育就是要培养这种类型的新世纪公民。学校要为年轻人提供尽可能多的融入真实世界的机会，让他们从中磨炼自己，找到自己的生存之道，同时也担负起作为一个公民应尽的责任和义务。

2. 以创业活动课程为主要渠道

目前，创业教育并未列入澳大利亚基础教育的八大核心学习领域之中，但是，同艺术和技术这些课程一样，创业教育也关注学生想象力和创造力的培养，提倡生产性的学习，帮助学生快速有效地应对各种变化和机会。由于创业教育能够为学生提供全面的学习经验，因此它的开展形式是交叉融入各个核心学习领域之中，以课外活动和渗透式教学两种方式,既保证学生学术水平的正常发展,又进一步促进创业精神和素质的培养。

课外活动主要有三种情况:一是将创业教育融入原有的各项活动中,如艺术表演、小产品设计制造等;二是开展创业教育专题活动,根据创业教育的课程目标和任务,设计专门的教育活动,如参观、访问、社会调查、社会服务、请创业者做演讲报告等;三是开展创业教育项目活动,由学生完成自己感兴趣的活动项目,使学生能够动脑、动手、亲自操作,搜集资料,并观察、整理、分析资料等,从而培养学生的综合能力和创业素质。由于创业教育项目是根据学生的能力、所学知识和经验来安排的,它并不强迫每个学生都要达到一定的标准,因此在澳大利亚中学创业教育项目的开展并不会加重学生的课业负担。同时,他们在开展活动课程时必然要将活动与学生原有知识相结合,使学生能够学以致用,以激发学生的参与热情,而不是单纯地为了活动而活动。

此外,另一种创业教育的形式——渗透式教学,是通过对教师进行培训和引导,培养他们的创业精神和素质,使他们将创业教育的理念融入日常教学过程中;通过指导学生学习,帮助学生认识、理解和掌握创业精神的本质,并将这种创业素质和态度运用到所有的学习领域之中。

3. 以创业型教师为师资力量

从澳大利亚中学创业教育的最佳实践案例分析中可以看到,他们提倡实施创业教育的教师也要具备创业精神和创业素质。

首先,创业型教师要具备熟练的示范操作能力。创业课程在很大程度上都要求学生自己动手来完成,因此培养学生具有较强的动力操作能力是创业教育突出的特点。操作示范是实习教学、模拟训练的主要环节。教师必须具备娴熟的操作示范能力,这是创业教育教师必备的基本功。教师只有以身示范,才能更好地指导学生完成实践环节的课程。也不否认,在某些实践中也存在教师与学生共同学习并获得更好学习效果的个例。

其次,创业教育教师应平等对待每一个学生,给予他们及时的反馈,并善于挖掘学生的创业潜质。人的个性存在着很大的差异,由此决定了每个学生的兴趣、爱好、需要、动机、信念、理想及能力等都有所不同。这就要求教师要充分了解每一个学生的个性特征，因材施教。教师要帮助每一个学生正确地评价自己的优势与不足，并因人而异地采取各种行之有效的方法和措施，充分调动学生的积极性，创造一切条件使学生最大限度地挖掘自身的潜质，施展他们的才华，为未来生活打下良好的基础。

最后，创业教育教师应具备创新与开拓能力。所谓教师的创新与开拓能力，是指教师具有较强的动手能力，并能把自己的创新思想转化为能力。他们往往会设计各种生动活泼的教学活动，寓教于乐地将创业知识传授给学生，并通过各种教学手段和环境，激发学生的创业意识，锻炼学生独立思考和解决问题的能力，培养他们的创新与创业素质。

4. 学校领导对于创业教育的有效管理

学校领导对于创业教育的有效管理和大力支持是开展创业教育的最有力保障。尤其是校长对创业教育的认识及重视程度，往往是决定创业教育有效开展与顺利进行的关键因素。学校领导在实施创业教育的过程中担负着重要的责任。首先，他们是创业教育项目最初的申请者，申请成功后就必须通过营造一种有利于创业教育的校园文化，努力唤醒教师、学生和家长的创新意识，激发他们对创业教育的兴趣。其次，在第一步的基础之上，构建对于创业教育的共同认识和理解，努力使全校师生及家长在一个共同认识的基础上，协作推动创业教育的顺利开展。最后，学校领导要在分配创业教育的责任与相关利益方面起主导作用。要吸引企业和社区积极参与创业教育中，承担相应的责任，同时为他们提供相应的利益保障。学校领导要起协调作用，与社会团体共同协商决定创业教育的开展方向（特别是中学高年级阶段），并使他们从中受益，进一步提升他们的积极性，促进学校—社区合作的良性循环。

5. 家长与社区积极参与创业教育

在一个人的一生中，无论思想上还是言行上，对其影响最直接、最为深刻的要数家庭环境了。孩子从小就将父母作为模仿的第一对象，因此家长的思想及言行对孩子的影响作用是很大的。实践证明，家庭氛围和父母对孩子的关注程度，对中学生的创业教育起着重要的作用。从澳大利亚中学的最佳实践案例中可以知道，要获取家长对创业教育的大力支持，必须使家长对创业教育形成与学校共同的认识理解。通过家校之间的不断沟通，家长进一步参与到创业教育中，同时家长也可以把相关的创业素质与子女其他方面的生活紧密联系起来，进一步促进学生创业素质的发展。

与家庭相比，社区不仅是学生所处的一个环境，更是整个学校及所有家庭共同生活的一个大的社会环境。如同职业教育、商业教育等的产生一样，社会需求是激发教育新领域产生的主导因素。从澳大利亚中学的最佳实践案例中可以知道，创业教育的存在和发展离不开社区的大力支持。一方面，社区为学生提供了学习的素材，它是学校营造真实学习环境的基础，为学生提供了一系列参与社区、企业和工厂经营管理的机会。另一方面，学生在社区生活中的参与进一步提升了学生的社会责任感，同时在"成人世界"中所获得的认可和成功能够激发学生的自信心及对创业学习情感上的积极认同。学校—社区之间成功的合作关系可以形成一个促进学生与社区共同发展的良性循环，同时它能进一步唤起地方政府对创业教育的重视，为其提供更多的政策和资金上的支持与保障。

三、澳大利亚中学创业教育的启示

纵观澳大利亚中学创业教育的发展历程，其在实践过程中形成的创业教育理念、创业教育课程体系、创业教育活动项目等，都在一定程度上对我国的中学创业教育实践和理论研究具有借鉴意义。

1. 在基础教育阶段要推行广义的创业教育理念

创业教育在基础教育阶段的含义非常丰富。它的核心内容是培养和发展学生的创业精神和创业素质，以课堂教学为基础，以活动课程和创业项目为主要形式。中学创业教育并不是指纯粹地创办企业，它不等于商业教育或是职业教育，也不是生涯教育，它是要让年轻人具备创业精神和创业素质，使他们成长为一个成功的学习者、自信的个体、有责任心的公民、能为社会做出贡献的合格公民。创业教育鼓励年轻人将创业作为一种未来的职业选择，但并不是要求所有的学生在离开学校以后都要开创自己的企业,而是要让学生具备创业的意识,储备创业知识和技能,以便他们在适当的时机选择创业这条道路。就算他们最终不选择创业这条道路,在基础教育阶段培养的创业素质也能够为他们未来的工作和生活打下坚实的基础。

2. 设置广受学生欢迎并能获得明显成效的创业活动课程

澳大利亚中学创业教育的教授方式以创业活动的开展为主,因此大都安排在课外活动中。这样的安排也能够保证学生的基础教育质量,同时它作为课堂教学的补充,能够使整个学习框架变得更加完整。在创业活动中,学生能够将课堂教学中的理论知识进一步深化,这种能够学以致用的成就感可以促使学生从情感上对整个学习过程产生认同,进一步推动学生对包括创业学习在内的整个学校学习的积极性。通过一系列与真实世界相结合的创业活动和创业项目实践,使学生具备适应未来生活的知识、态度和技能,将他们培养成符合未来工作生活的新世纪公民。它不仅要求学生能够适应未来社会的不确定性和变换性,也要求学生明确自己在社会中所应承担的责任和义务,有为他人服务和奉献的公德心。

3. 为创业教育的开展创设一个良好的社会氛围

良好的环境是主体存在和发展的外在因素。良好的社会氛围在澳大利亚中学创业教育开展过程中具有巨大的作用。这个社区氛围是由学校、家长、社区(包括企业)三方共同营造的。只有在良好的社会氛围中,学生才能通过创业活动获得真实的生活体验,并进一步培养和发展他们的沟通能力、团队合作精神、承担风险的勇气、自信心、适应变化的能力等创业精神和创业素质,而学生的这些创业学习成果使社会看到了未来的希望,又进一步推动社会创业氛围的形成和发展,最终使创业教育与社会氛围之间形成一个良性的循环,两者相互促进、共同发展。特别是在中学高年级阶段,最佳实践的案例证明,学校在推行创业教育过程中还需要企业的大力支持与帮助,如经济上的资助,软硬件设施上的供给,为学校提供有实践经验的指导人员,为学生提供创业活动与创业实践基地,并与学校建立良好的、互利互惠的协作关系,等等。当然这种良好社会氛围的形成需要时间的积淀,并非一朝一夕就能够养成,这就更加需要学校、家长及社区各方面的共同努力和支持。

4. 澳大利亚中学创业教育面临的挑战

澳大利亚中学创业教育面临着以下挑战。

第一，教师队伍建设。教师处于创业教育开展的实践领域，要将创业精神和创业素质的理念融入教学过程中，并运用创业教育的教育方式。这就要求重新建设教师队伍，用专业的教育与培训使相关教师具备创业教育的理念，并乐于投身于创业教育事业之中。

第二，学生创业学习成果的测量与评价。目前测量与评价学生的创业学习成果主要是根据五大关键创业素质设计相关的评价指标。但是创业学习的特征和素质的发展变化很难加以精确测量，特别是很难把这些发展变化都归功于创业教育。因为这些发展变化是人一生全部的经历促成的。只有测量过程的目的并不是为了获取一个精确的、量化的结果，或者说为学生在创业教育中的表现打一个分数，而是为了通过各种观察，对学习成果有一个综合认识时，这种较为模糊的测量才有其可取之处。总而言之，当前澳大利亚中学创业教育还缺乏一个比较完善的综合质量评价指标。

新西兰中学创业教育

新西兰中学创业教育具有以下特点。

1. 推行广义的创业教育并与职业技能培训相结合

新西兰中学推行广义的创业教育，其重点是"培养年轻人的竞争力、理解力等能力，使他们具有革新性、创造性、开创性等个性品质。它不仅能够帮助年轻人成功地把握生活和工作中的各种机会，还能够帮助年轻人开创自己的事业"。

一方面，从创业教育开展的形式来看，新西兰中学创业教育通过让学生在校内开办企业或组成团队共同完成创业项目，帮助学生了解商业、企业运作的基本规律和过程，使他们掌握初步的创业技能，培养他们的创业兴趣，让他们树立正确的创业态度，发展沟通、创新、项目管理、决策、应变等创业能力。

另一方面，根据新西兰人口少、劳动力缺乏，尤其是熟练技术工人严重缺乏的现状，新西兰中学创业教育注重与职业技能培训之间的联系，通过与社区企业的合作，将学生的课堂学习与社会实践相结合，使学生初步掌握职业技能，同时更加深入地理解地区职业环境，在规划职业生涯的基础上思考创业和就业。技术培训增强了学生为当地经济服务的社会意识和责任感，培养了学生的创业精神和创业素质。为学生创造真实的学习环境，培养学生克服困难的精神，使其对社会做出贡献是新西兰中学创业教育的目标之一。而广义的创业教育不仅指培养未来的企业家，其培养的创业品质也是各行各业的从业人员所需要的，社会需要具有创业素质和创业精神的人。

职业技能培训与中学创业教育结合是新西兰中学创业教育的特色，也是新西兰教育部的教育策略。

2. 建立创业教育生态体系

新西兰中学创业教育注重商业、企业与教育及科研机构的合作，形成由政府自上而下推动、学校自下而上推进的良好的创业教育生态体系。

从政府层面看，新西兰政府出台了多个推动中学创业教育的政策文件，为创业教育的实施提供了有利的支持。负责中小学创业教育的主要政府部门是新西兰教育部和新西兰贸易商业部，双方合作了多个创业教育项目。这些项目推动了新西兰中学创业教育的发展，使创业教育从单一课程发展到向全部核心课程的融入，从创业教师的职业培训、创业教育教学方法的实践探索发展到创业教育实践的最佳典范的形成。

从教育机构层面看，开展创业教育的新西兰中学一般设有专管创业教育的学校领导、负责创业教育的责任教师及对创业教育有热情的教师的核心团队。学校鼓励教师开发本课程的创业学习单元和项目。

从集群层面看，新西兰中学目前在全国范围推行的创业教育采取集群形式，考虑将创业教育与当地经济文化特点相结合，促进当地经济的发展。新西兰北岛地区、西海岸、纳尔逊、曼努考地区的经济发展机构是该全国性项目的主要执行机构。比如，负责北岛地区创业集群计划的是创建于 *2002* 年的地区经济发展机构——创业北岛。从 *1999* 年开始，创业北岛就与青年创业基金旗下的 YES 项目合作，在北岛地区开展创业教育。北岛已被公认为新西兰创业教育的领先区域。北岛创业基金主要来自北岛的两个公司的资助——通宝能源和北岛电力。这两个公司资助每一所学校的协调员，他们的资助确保了创业在学校课程中占有一席之地，使学校更好地负起责任，有效地实施创业教育。

社区和地方企业参与中学创业教育主要是为学生的实践活动提供场所和专业指导，由地区协调者负责学校与社区及地区企业合作。新西兰的中小学在开展创业教育的过程中一般至少会与两个社区组织形成一种可持续发展的、互惠互利的关系，并且有明确可测量的合作成果，合作者之间开诚布公地交流沟通，将合作建立在相互尊重的基础之上。

新西兰中小学与社区合作一般遵循五个步骤。第一步是评估。这项工作主要关注以下要素：为什么要与社区合作；合作各方对合作成果的期待是什么；合作的可能性。第二步是明确与合作相关的关键问题。这项工作主要包括：承认合作各方可能会在目标上存在不同甚至矛盾，如合作时间、合作资源。第三步是商议合作目标。各协作方集体商议一套满足各方需求的目标。第四步是计划合作的具体活动。首先是明确关键能力和创业品质，继而明确知识目标和课程设置的结合点，然后确定与合作方共同开发各项活动计划，最后明确并分配与行动计划相关的资源和责任。第五步是进展情况评估。这项工作包括：开发一个体系来对进程进行评审和回顾，明确数据来源；实施各项合作活动，收集相关数据；与合作方共同回顾进展情况和成果，计划下一步的合作。

从各利益相关部门的参与来看，目前新西兰正在进行的创业教育集群计划除了与当地企业部门合作，还涉及广泛的利益相关者，教育、企业和社区一起为创业教育的发展努力。创业教育引起了教育部门与企业及社区在多个层面的联系与合作。这种合作如图 1 所示。

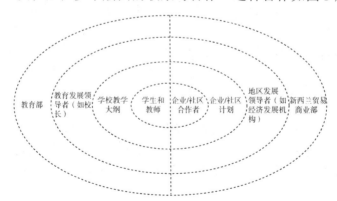

图 1　教育部与社会各部门在新西兰中小学创业教育中的合作接口图

在地区层面，学校通过创业项目的地区协调者与广泛的商业和社区伙伴发生联系，包括地区议会、区卫生局、早期教育中心、社区慈善机构及其他广泛的组织和机构。在国家层面，创业教育主要是新西兰教育部和新西兰贸易商业部合作领导。其他许多部门和团体也对创业教育的发展做出了贡献，如新西兰青年发展部、新西兰信托基金、新西兰经济发展部、小企业咨询组、北岛创业基金、创业学习委员会、新西兰校长联合会、小学后教师协会及开展创业教育的学校。这些机构从多个层面推动创业教育的发展。世界经济论坛全球教育计划显示，多方利益相关机构的合作对教育尤其是对创业教育是非常关键的。许多参与创业教育的人都认为，创业教育使他们愿意去冒险，尝试新的思维，并在这一过程中相互学习。

3. 注重创业师资培养

教师是创业教育成败的关键，许多创业教育项目的评估都证明了这一点。新西兰政府在推动创业教育的过程中一直非常重视师资队伍的建设。新西兰政府提出，提高技能对新西兰的未来最重要，需要建立高质量的教育体系，首先是培训优秀教师。采取的措施主要有：每年为优秀教师提供全年学习奖学金，以提高他们在数学、科学和技术方面的技能；鼓励优秀教师在科研机构、产业部门进修或者承担创业培训；获得奖学金的教师可以带薪进修。

新西兰中学开展创业教育最早最普遍的新西兰创业基金项目中有专门为中小学领导开设的课程——激发校长管理才能会议。在会上，来自社会各界的企业家和校长分享了他们的创业知识、对金融管理的理解、市场推广技能、战略性计划和领导艺术。此外，参与青年创业计划项目的指导教师通常在开始项目之前要接受资格培训认证，每一年的青年创业计划项目结束之后都有针对指导教师的职业发展大会，给教师提供交流经验的机会。

新西兰教育部在全面推广中小学创业教育之前，分别在2003年和2004年开展了创业教师职业培训项目。青年企业家计划（YEP）是一个从2003年开始实施的创业教育实验计划。青年企业家计划由两个组成部分，其中第一部分是通过一些行动方案，如创业领导奖、创业研讨会和创业周，在学校形成创业文化。青年创业家计划认识到出色的富有创业精神的领导对于开展创业教育的重要性，如学校领导具有强烈的创业教育发展目标，举止符合道德规范，勇于承担责任，能有效处理冲突，具有横向思维能力，具有克服挑战的勇气和能力。每年青年企业家计划都会给最杰出的创业领导、学生及学校颁奖。2004—2005 年的北岛创业教师项目（NET）是一个创业教师职业培养项目。其目的是帮助中学教师和学校领导形成"创业型"的教学方法，并在教学过程中实施这一方法。

4. 采用切合创业教育实际的评价方式

创业教育作为一种新的教育理念在实践过程中需要有与之配套的评价体系相支持。创业教育所关注的学生创业素质的培养是一个循序渐进的过程，因此传统的试卷考试评价方法显然是不合适的。新西兰中小学采取的创业教育评价是一个在教学互动中的过程性评价，包含及时、集中收集信息，进行分析、解释，发现学生获得的进步，为下一步教学实践提供参考依据。评价的重要组成部分是教师与学生谈话，了解创业教育的实施情况。

新西兰中小学通过多种形式来展现学生创业素质发展的情况。头脑风暴、决策网格、计划日志、支出表、工作卡、时间表都能够反映学生创业素质的发展情况。项目的照片、录像及与学生的谈话都是了解学生创业素质发展情况的重要信息。教师需要对这些信息做出评价，以便学生更好地了解自身的情况，从而知道如何改进，以取得更大的进步。

教育评鉴国家级证书（NCEA）目前已经取代考试制度及传统成绩单来呈现新西兰中学生的在校成绩。NCEA 被认为是新西兰中学创业教育的一大支持措施。NCEA 成绩鉴定三个标准中有单元标准。通常这类科目的成绩不是由考试来评定，而是由授课教师或是校外专业人士来评定。这些课程多半属于实践性质，如实验、口语表达、艺术、计算机、园艺、导游等。学生参加创业活动可以修得 NCEA 的学分，同时学生、家长、教师、评估人员及雇主也可以更清楚地了解学生的能力和素质。

5. 新西兰中学创业教育面临的挑战

第一，需进一步协调好学校、企业、社区等组织之间的关系。学校、企业、社区和各个组织之间以各自不同的方式运作，每个部门都有各自的文化和要求，创业教育的成功开展离不开各个部门间的协调合作。

企业与教育的不同运作方式（简化版）

学校教学大纲计划	商业计划
大纲计划是以科目为基础的	商业计划是以项目为基础的
学校计划是评估驱动的	商业计划是市场驱动的
教学时间是课程表安排的	商业领域，时间就是金钱

地区创业教育集群模式涉及一个国家协调员和四个地区协调员。协调员作为中间人来进行学校与社区及企业间的最初联系，在项目过程中参与计划。地区协调员尤其要对上述表格中所呈现的差异进行调和。对学校而言，关注点主要还是能否为学生提供新的学习机会，而企业合作者则要求项目适应商业运作模式。因此，如何更好地协调合作各方，使创业教育项目各方都受益，是新西兰中学创业教育持续发展必须解决的问题。

第二，创业教育的各利益相关者必须进一步明确创业教育的相关概念。有一些教师仍然将中学开展创业教育简单地认为是商业教育，对让学生过早接触经济利益存有疑虑。因此，要进一步明确广义的创业教育概念，以及与社区合作在中学创业教育中的作用。社区和企业也应当看到参与学校创业教育是一件双赢的事情。

第三，教育是一个漫长积累的过程，其成果往往要多年之后才能显现出来。创业教育也是如此。传统观念将解决社会就业问题寄希望于创业教育，但是创业教育并非就业的万能钥匙。因此，如何获得政府及社会各界对创业教育的持续支持将是学校和教育部门的一大考验。

附录：美国创业教育内容标准

美国创业教育者联盟制定的《全国创业教育内容标准》分为创业技能标准、基本商业知识和技能标准、商业技能三大部分，共 15 项子指标。

第一部分　创业技能
创业过程和特征 / 与创业过程相关的行为

A	创业过程：了解与成功创业密切相关的观念及过程

发现过程

A.01	解释创业型发现的需求
A.02	讨论创业型发现的过程
A.03	评估全球发展趋势和机会
A.04	确定创业机会
A.05	评估创业机会
A.06	描述创意产生的方法
A.07	产生创意
A.08	确定创意的可行性

观念发展过程

A.09	描述创业规划的考虑因素
A.10	解释创业者所使用的创业规划工具
A.11	评估创业要求
A.12	评估创业相关风险
A.13	描述有助于创业者发展观念的外部资源
A.14	评估使用外部资源进行观念发展的需求
A.15	描述知识产权保护战略
A.16	实施创业计划

资源整合过程

A.17	区分创业的债务融资和股权融资
A.18	描述获取足够的财政资源的过程
A.19	选择创业资金来源
A.20	解释决定一个创业型公司人力资源需求的因素
A.21	描述选择资本财源的考虑因素
A.22	获得创业所需的资本来源

A.23	评估与资源有关的成本／利润

付诸实践过程

A.24	运用外部资源补充创业者的专门知识
A.25	解释企业运作的复杂性
A.26	评价风险机会
A.27	解释商业体系与程序的需求
A.28	描述经营程序的使用
A.29	解释工作流程的管理方法／过程
A.30	发展或提供产品／服务
A.31	商业活动／决定中创造性的使用
A.32	解释资源生产率对创业成功的影响
A.33	创造持续识别机会的过程
A.34	适应商业环境的改变

收获

A.35	解释持续规划的需求
A.36	描述收获创业成果的方法
A.37	评估企业持续参与的不同选择
A.38	退出策略
B	创业型特征／行为：了解与成功创业密切相关的个人特征和行为

领导能力

B.01	表现诚实和正直
B.02	表现负责任的行为
B.03	表现主动性
B.04	表现有道德的工作习惯
B.05	拥有达到目标的激情
B.06	认可其他人的努力
B.07	领导他人使用明确的陈述
B.08	发展团队精神

B.09	招募人为一个共同的愿景努力工作
B.10	在适当的情况下共享权威
B.11	重视多样性

个人评价能力

B.12	描述主要的创业型个性特征
B.13	测试个人的偏见和老套思维
B.14	测试兴趣
B.15	评价个人能力
B.16	执行自我评估以确定创业潜能

个人管理能力

B.17	保持积极的态度
B.18	论证兴趣和热情
B.19	做出决定
B.20	确定改变的方向
B.21	论证问题解决技能
B.22	评估风险
B.23	个人承担做出决定的责任
B.24	运用时间管理原则
B.25	发展对模糊性的宽容
B.26	对个人成长做出反馈
B.27	论证创造性
B.28	制定个人目标

第二部分　基本商业知识和技能
成为成功创业者的先决条件和必修课程

C	商业基础：了解影响商业决策的基本商业观念

商业以观念

C.01	解释商业在社会中的作用
C.02	描述商业活动的种类

C.03	解释企业的种类
C.04	解释创造增值价值的机会
C.05	确定企业问题和趋势
C.06	描述一种高质量文化 / 持续质量改进的关键要素
C.07	描述管理在保证质量方面的作用
C.08	解释管理道德规范的本质
C.09	描述商业道德实践的需求和影响

商业活动

C.10	解释销售管理及其在全球经济中的作用
C.11	描述市场业务及相关活动
C.12	解释运营管理的本质与范围
C.13	解释管理的概念
C.14	解释财务管理的概念
C.15	解释人力资源管理的概念
C.16	解释风险管理的概念
C.17	解释战略管理的概念
D	沟通能力和人际交往能力：了解有效交往的观念、策略和方法

沟通基础

D.01	解释有效沟通的本质
D.02	应用有效的倾听技能
D.03	运用适当的语法和词汇
D.04	通过沟通强化服务导向
D.05	解释有效口头沟通的本质
D.06	合适地称呼他人
D.07	有条理地解决电话事务
D.08	进行口头陈述
D.09	解释书面沟通的本质
D.10	撰写商业信件

171

D.11	撰写信息
D.12	撰写相关询问
D.13	撰写有说服力的信息
D.14	准备简单的书面报告
D.15	准备复杂的书面报告
D.16	运用沟通技术（如 Email、传真、语音邮件、手机等）

职员沟通

D.17	遵循指导
D.18	解释职员沟通的本质
D.19	提供完成工作任务的指导
D.20	举行员工会议

沟通的道德规范

D.21	尊重他人的隐私
D.22	解释在提供信息过程中的道德因素

团队合作关系

D.23	在工作中公正对待他人
D.24	发展文化灵敏性
D.25	发展积极的工作关系
D.26	以团队成员的身份参与工作

处理冲突

D.27	表现自我的控制能力
D.28	表现对他人的关心
D.29	运用适当的自信
D.30	表现协商技能
D.31	处理复杂的消费者／顾客
D.32	向消费者／顾客解释商业政策
D.33	处理消费者／顾客的抱怨

D.34	解释组织改变的本质
D.35	描述组织冲突的本质
D.36	解释压力管理的本质
E	数字技能：了解计算机的基本操作观念和程序

计算机基础

E.01	使用基本的计算机术语
E.02	应用基本的操作系统软件命令
E.03	使用桌面操作技能
E.04	确定文件格式
E.05	确定文件管理的应用系统
E.06	压缩或者改变文件
E.07	使用参考资料获取信息
E.08	运用目录系统
E.09	使用控制面板
E.10	运用多种计算机驱动存取数据

计算机应用

E.11	基本的网络搜索技能
E.12	评估网络资源的可信度
E.13	文档管理技能
E.14	计算机通信技能
E.15	解决常规的电脑软硬件问题
E.16	操作电脑的硬件设备
E.17	解释电子商务的本质
E.18	解释网络对商业的影响
E.19	开发基础的网站
F	经济学基础：了解创业 / 小企业所有权的经济原则和基本概念

基础概念

F.01	区别经济物品与服务
F.02	解释生产要素

F.03	解释稀缺性的概念
F.04	解释机会成本的概念
F.05	描述经济学和经济活动的本质
F.06	决定商业活动创造的经济效益形式
F.07	解释供求原则
F.08	描述"价格"的概念

成本—利润关系

F.09	解释"生产力"的概念
F.10	描述成本—利润分析
F.11	分析劳动力专业化 / 细分对生产力的影响
F.12	解释有组织的工人和企业的观念
F.13	解释"收益递减"规则
F.14	描述"规模效益"的概念

经济指标 / 趋势

F.15	解释分析经济条件的方法
F.16	解释"消费者物价指数"的本质
F.17	解释"国内生产总值"的概念
F.18	确定商业周期对商业活动的影响

经济体制

F.19	解释经济体制的种类
F.20	描述政府与企业之间的关系
F.21	评估政府行为对创业的影响
F.22	解释"私人企业"的概念
F.23	评估影响企业利润的因素
F.24	确定影响企业风险的因素
F.25	解释"竞争"的概念
F.26	描述"市场结构"的种类
F.27	确定小企业 / 创业对市场经济的影响

国际观念	
F.28	解释"国际贸易"的概念
F.29	描述国际贸易中小企业的机会
F.30	确定全球贸易中文化和社会环境的影响
F.31	解释汇率对贸易的影响
F.32	评估国家实力对贸易的影响
G	财务素养：了解个人理财的概念、程序和策略
金融基础	
G.01	解释财务交易的形式（现金、贷款等）
G.02	描述货币功能（交易媒介、度量单位、价值等）
G.03	描述收入来源（工资／薪水、利息、租金、股息、转移支付等）
G.04	识别流通货币的种类（纸币、硬币、支票、政府公债等）
G.05	解释工资存根
G.06	解释货币的时间价值
G.07	解释贷款产生的花费
G.08	解释与货币使用相关的法律责任
G.09	有效地使用货币
金融服务	
G.10	描述由金融机构提供的服务
G.11	解释金融机构的法律责任
G.12	解释与金融服务使用相关的费用
G.13	选择金融机构
G.14	在金融机构开户
个人理财	
G.15	设立财务目标
G.16	制订储蓄计划
G.17	制订花费计划
G.18	在账户里存取款

G.19	确定金融工具
G.20	保持财务记录
G.21	核对财务报表
G.22	纠正账目中的错误
G.23	解释投资种类
G.24	进行投资
G.25	确定个人预算
G.26	构建积极的信用历史
G.27	改善信贷可靠性
H	专业发展：了解职业教育、职业发展和成长的观念与策略

职业规划

H.01	评估基于当前／未来经济的职业机会
H.02	分析在商业环境中的雇主期望
H.03	解释工作人员的权利
H.04	选择和运用职业情报资源
H.05	选择和使用关于生涯信息的资源
H.06	解释创业中的就业机会

求职技能

H.07	利用求职策略
H.08	完成工作申请
H.09	参加工作面试
H.10	工作面试之后写一封后续信件
H.11	撰写申请信
H.12	准备一份简历
H.13	描述获得工作经验的技巧（志愿者活动、实习等）
H.14	解释继续教育对工作人员的作用
H.15	解释工作的可能晋升模式
H.16	确定提升职业的技能

H.17	利用能够促进职业发展的资源（行业杂志、专业协会、研讨会、导师等）
H.18	运用网络保证职业发展

第三部分　商业技能
创业者在管理企业过程中的商业活动

I	财务管理：了解商业决策中使用的金融概念和工具

会计学	
I.01	解释会计标准
I.02	准备"预计损益计算书"
I.03	评估现金流转的需求
I.04	准备"预计资产负债表"
I.05	计算金融比率
I.06	确定工资税
I.07	纳税申报

金融学	
I.08	解释获得商业信任的目的和重要性
I.09	作出关于银行卡承兑的有判断力的决策
I.10	建立信用政策
I.11	制定开票及应收款处理政策
I.12	描述信用局的作用
I.13	解释企业一般管理费用／运营费用的本质
I.14	确定创办企业所需的资金
I.15	确定与获得商业信誉相关的风险
I.16	解释财务援助的资源
I.17	解释借款机构的贷款评估标准
I.18	选择商业贷款来源
I.19	与金融机构建立联系
I.20	完成贷款申请过程
I.21	确定企业价值

理财能力	
I.22	确定财务目标
I.23	开发和控制预算
I.24	管理现金流转
I.25	解释资本投资的本质
I.26	培养积极的财务声誉
I.27	执行债务管理程序
I.28	监督/执行常规会计程序和财务报告
J	人力资源管理：了解人员招募、激励、开发和解聘等一系列过程的概念、方法和策略
组织员工	
J.01	开发人员组织计划
J.02	开发职位描述
J.03	开发补偿计划和激励制度
J.04	组织工作/项目
J.05	赋予工作任务责任
配置员工	
J.06	确定雇用需求
J.07	招聘新员工
J.08	筛选工作申请表/简历
J.09	对申请工作人员进行面试
J.10	选择新员工
J.11	商谈新进员工的工资
J.12	解雇员工
培训和发展员工	
J.13	使新员工适应
J.14	执行培训项目
J.15	训练员工

激励员工	
J.16	显示领导技能
J.17	鼓励团队构建
J.18	赏识 / 奖励员工
J.19	处理雇员的抱怨等事宜
J.20	为雇员提供公平的机会
J.21	构建组织文化
评估员工	
J.22	评价雇员的士气
J.23	对雇员的工作做出反馈
J.24	评价雇员的表现
J.25	就雇员的过失采取补救措施
J.26	执行离职面谈
K	信息管理：了解获得、处理、保持、评价和发布商业决策信息所需的概念、方法和工具
保持记录	
K.01	解释"商业记录"的本质
K.02	记录日常财务事项
K.03	记录和汇报营业税
K.04	开发工资记录保持系统
K.05	保持个人记录
K.06	保持消费者记录
技术	
K.07	解释技术对商业的影响方式
K.08	使用个人信息管理 / 生产力应用软件
K.09	使用书写 / 出版应用软件
K.10	使用陈述应用软件
K.11	使用数据库软件

K.12	使用电子数据表
K.13	使用协作的 / 群体的应用软件
K.14	确定创业的技术需求

信息获得

K.15	选择企业创业信息来源
K.16	进行环境扫描获得市场营销信息
K.17	监督内部市场营销信息的记录
K.18	确定潜在消费者的需求 / 困惑
L	营销管理：了解满足消费者需求 / 期望、达到创业目标、开发新产品 / 服务创意所需的概念、过程和方法

创造产品 / 服务

L.01	解释产生产品 / 服务创意的方法
L.02	产生产品 / 服务的创意
L.03	评估进口替代的机会
L.04	确定产品 / 服务以满足消费者的需求
L.05	确定产品 / 服务创意的最初可行性
L.06	规划产品 / 服务的内容和比例
L.07	选择产品的名字
L.08	确定独特的销售提议
L.09	开发产品 / 服务的定位策略
L.10	构建品牌
L.11	评估消费者体验

营销信息管理

L.12	解释"市场""市场辨认"的概念
L.13	描述市场营销计划过程中形势分析的作用
L.14	确定市场分割
L.15	选择目标市场
L.16	实施市场分析

L.17	解释销售策略的概念
L.18	描述销售计划的本质
L.19	设立销售预算
L.20	开发销售计划
L.21	监控和评价销售计划的实施情况
促销策略	
L.22	描述促销组合的各种要素
L.23	计算广告媒体费用
L.24	选择广告媒体
L.25	准备促销预算
L.26	开发促销计划
L.27	撰写新闻稿
L.28	获得公众的注意
L.29	选择促销方式
L.30	撰写销售信件
L.31	管理在线活动
L.32	评估广告的效力
产品 / 服务定价	
L.33	计算无亏损点
L.34	解释影响定价决定的因素
L.35	建立定价目标
L.36	选择定价策略
L.37	确定价格
L.38	调整价格以保证收益最大化
销售	
L.39	为销售获得产品信息
L.40	分析产品信息，确定产品特征和利益
L.41	准备销售陈述

L.42	与顾客／消费者建立关系
L.43	确定消费者／顾客的需求
L.44	确定消费者的购物动机
L.45	区别消费者和组织的购物行为
L.46	推荐特殊产品
L.47	将消费者／顾客的意见转化为销售点
L.48	结束交易
L.49	展现建议型销售
L.50	规划销售的后续战略
L.51	处理销售文件
L.52	为消费者提供前景
L.53	满足销售限额的战略规划
L.54	分析销售报告
L.55	训练员工以支持销售
L.56	分析销售技术
L.57	管理在线销售过程
M	运营管理：了解促进日常企业运营的过程和方法

商业系统

M.01	制订商业企划
M.02	确定设备需求
M.03	记录商业体系和程序
M.04	建立操作程序
M.05	开发项目计划
M.06	分析商业过程和程序
M.07	实施质量改善技巧
M.08	评价资源的生产力
M.09	管理基于计算机的操作系统

销售渠道管理		
M.10	选择企业场所	
M.11	选择分销渠道	
M.12	开发并执行订单履行过程	
买卖过程		
M.13	解释购买过程	
M.14	解释买主声望与卖主关系的本质	
M.15	构建公司购买政策	
M.16	进行卖主搜索	
M.17	选择卖主	
M.18	与卖主商谈	
M.19	确认订单	
M.20	与卖主进行物品交换	
日常操作		
M.21	确认工作人员的时间表	
M.22	维持产品 / 供给的存货	
M.23	管理运输和收货	
N	风险管理：了解企业所使用的将损失降到最低的概念、策略和方法	
企业风险		
N.01	描述商业风险的种类	
N.02	确定小企业保护自身免受损失的方式	
N.03	预防侵占、偷窃	
N.04	保护消费者 / 雇员的隐私	
N.05	确定企业的债务	
N.06	解释转移风险的方式	
N.07	获得保险责任范围	
N.08	保护计算机数据	
N.09	发展安全政策和程序	
N.10	建立安全政策与程序	
N.11	保护资产使之免被债权人收回	

N.12	构建员工的责任感
N.13	发展持续规划

法律事务

N.14	解释影响商业活动的法律问题
N.15	保护知识产权
N.16	选择企业所有权形式
N.17	获得企业运作的法律公文
N.18	描述企业报告要求的本质
N.19	坚持人员规章制度
N.20	执行工作场所规章制度
N.21	发展遵循法律／政府政策的策略
O	战略管理：了解引导企业全局的过程、战略和方法

战略规划

O.01	执行 SWOT 分析
O.02	执行竞争力分析
O.03	评估企业并购选择
O.04	发展公司目标
O.05	发展商业使命
O.06	收入预测
O.07	执行收支平衡分析
O.08	发展行动计划
O.09	发展商业计划

战略控制

O.10	利用预算控制公司的运转
O.11	开发"费用控制"计划
O.12	分析现金流转模式
O.13	解释财务决算
O.14	分析预算／行业的运营结果
O.15	追踪创业计划的执行情况

澳大利亚创业特征测量指标

关键素质	创业特征	指标
连通性	1. 采取措施把学习与真实世界相联系	1.1 为学习进步设置方向 1.2 为学习活动设定目标 1.3 寻找和使用有助于学习的信息 1.4 计划新的学习活动 1.5 组织新的学习活动 1.6 开展学习活动 1.7 使用技术能力获得新的信息 1.8 使用技术能力组织信息 1.9 与他人合作共同开发和分析信息 1.10 为小组获得新的认识做出贡献
	2. 有效的沟通能力	2.1 与他人就学习进行沟通（包括口头和书面） 2.2 表达观点的时候具有说服力 2.3 认真听取他人的观点和意见 2.4 通过对话把新的认识融入学习中 2.5 通过社区生活应用所学知识与技能 2.6 利用信息技术进行个人的、当地的、全国性的乃至全球性的沟通 2.7 通过团队合作达到个人的和团体的学习目标 2.8 掌握与学习目标相符的内容 2.9 使用高层次的演讲技巧 2.10 在沟通过程中表现出充分的自信心
	3. 参与社区	3.1 积极参与社区活动 3.2 与社区成员进行建设性的交流 3.3 为社区增加有意义的功能 3.4 为社区设施做贡献 3.5 为社区成员做贡献 3.6 与社区成员交流时表现出足够的自信心 3.7 关心社区成员和设施 3.8 在社区争议中表现出领导能力 3.9 在社区中对个人行为承担责 3.10 在社区活动中提倡公平参与性

关键素质	创业特征	指标
参与性	4. 做出重要贡献	4.1 通过领导自己和他人促进学习 4.2 表现得像引导者和导师 4.3 为他人提供学习的模范 4.4 为学习做出个人的和长久的贡献 4.5 通过社会演讲和交流促进学习 4.6 从行动上积极地促进学习 4.7 根据反馈适时改变行为和方法 4.8 深入思考学习的意义和方向 4.9 从情感上和精神上领会学习的意义和方向 4.10 对学习具有强烈的动力和高度的热情
	5. 以任务为基础，注重结果	5.1 确定达到整个项目目标的关键任务 5.2 为完成关键任务所需要的时间、标准和预算承担个人的责任 5.3 把完成任务作为达到项目目标的基础 5.4 使用个人的时间、精力和情感去达到共同目标 5.5 把个人达到的目标作为对社区贡献的一部分 5.6 在面对冲突的时候应用问题解决能力 5.7 使用项目管理方法来进行计划以达到目标 5.8 在活动与目标之间建立明确的联系 5.9 当个人利益与团体目标有冲突时，要以团体目标为重 5.10 在达到社区目标的过程中遇到文化分歧时，要表现出足够的决心、说服力和协调能力
	6. 应用现有知识获得进步	6.1 把原有知识与新生事物的新知识相联系 6.2 从新生事物中获得进一步的信息 6.3 说明问题的时候选择合适的思考方式 6.4 综合各种原则解决问题 6.5 计划和采取综合的行动 6.6 承担任务的时候展现综合技能和竞争力 6.7 利用原有的知识说明新的情况 6.8 通过行为来反馈他们对社区的影响 6.9 在行为与他们的个人意义之间建立联系 6.10 在行为与他们的社会意义之间建立联系

关键素质	创业特征	指标
参与性	7. 有效地管理时间和资源	7.1 计划实施一系列组成项目的任务 7.2 在达到目标的时候确定最重要的 7.3 以重要性为指标给任务排序 7.4 为了得到资源和支持的有效的说服力 7.5 使用因特网确定支持并陈述新出现的问题 7.6 以一种有效的方式组织和使用资源 7.7 使用专门技术来管理一系列的任务 7.8 成立并管理团队共同完成任务 7.9 认识并满足任务的政治需求，以此获得有利环境 7.10 理解和陈述在不同文化背景下产生的差异分歧
	8. 利用机会的有利方面	8.1 检查个人和社区环境，对问题有所了解 8.2 认可学习机会并积极拓宽生活经历 8.3 以一种建设性的方式把握学习机会 8.4 培养创造性地解决问题的能力 8.5 在把握新机会的时候展现独立性和主动性 8.6 在解决问题的时候展现灵活性和适应性 8.7 以乐观和自信的态度对待机会 8.8 把机会与新的观点相联系 8.9 把挫折看作一种学习机会和挑战 8.10 估计风险并有效避免
	9. 对各方面的反馈进行有效监控和反应	9.1 构建对于行动和意见的反馈机制 9.2 监控、组织和分析反馈信息 9.3 评价反馈信息并对评价结果进行合适的、积极的反应 9.4 接受建设性的反馈意见 9.5 反对不公平的批判 9.6 抵御不正当行为的引诱，保证正直与坚定不移 9.7 在处理人们的不同意见时，表现出容忍度、自由性和灵敏性 9.8 及时意识到环境的差异，并据此采取不同的倾听、演讲和书写方式 9.9 根据情况及时了解穿衣、举止等非语言上的需求 9.10 当学习需要变革的时候，抵御原有文化的压力

关键素质	创业特征	指标
灵活性	10. 对挫折能够从容应对	10.1 评价每次交流的表现，发展个人能力 10.2 认可在成长过程中的差异 10.3 在挫折出现之前分析能够解决问题的新方法 10.4 分析有利因素，并不断强化有利因素以实现目标 10.5 分析不利因素，并不断弱化不利因素以实现目标 10.6 满足反馈的需要，不断强化个人能力 10.7 理解个人的学习方式，并在此基础上加以改进 10.8 确定、发展和实践一系列解决问题的技巧和方法 10.9 展示有效学习、记忆和解决问题的策略 10.10 通过补充缺少的知识和设置真实的目标来使用掌握不同任务的技巧
责任心	11. 对自己的行为负责	11.1 采取解决个人发展问题的行动 11.2 承担问题及其结果的责任 11.3 努力工作以期获得生活所需的知识、技能和竞争力 11.4 对于个人的不足有正确的认识，并以一种自信的态度努力改正 11.5 通过分析事件的原因来解决问题 11.6 建设性地解决潜在问题 11.7 通过在混乱和复杂情境下的工作辨认核心问题 11.8 排除文化压力及其他因素的影响，坚持个人的目标 11.9 为了适应无意识的结果采取横向的解决措施 11.10 适应变化，达到个人和社区的目标
	12. 自我认识和自我定位准确	12.1 用一种稳固的个人信念来引导行动 12.2 在特殊情况下决定使用合适的方法 12.3 理解和使用有社会价值的行为 12.4 在解决问题的时候保持自信心 12.5 对外界事物保持个人的自尊和自立 12.6 认识并采取措施满足精神发展的需要 12.7 把个人价值与整个生活的价值深入联系 12.8 练习迅速反馈能力 12.9 认识到人们的努力是为了获得更好的生活 12.10 对关系自我的事情有所顾虑伦理性

关键素质	创业特征	指标
伦理性	13. 为社区价值观的发展做出应有的贡献	13.1 对社会的限制和规则能够理解和认识 13.2 在复杂不明确的情况下寻找模式 13.3 明确好与坏的概念 13.4 测试社会模式和结构的好与坏 13.5 与他人共同培养好习惯 13.6 认识行为出现的可能性 13.7 学习知识中关于好的内容 13.8 应用原有知识来分清新环境中的好与坏 13.9 了解哪些是重要的、被颂扬的和被推崇的 13.10 挑战那些原有的区分好与坏的标准
	4. 与公认的价值观保持一致	14.1 完成具有个人和社会价值的任务 14.2 描绘一个包括斗争、自治、解放和人权的生活过程 14.3 与真实世界保持联系 14.4 重视日常生活中的快乐、美好的事物 14.5 重视人与人之间的关系 14.6 了解社会秩序，如忠诚、诚实、公平和公正 14.7 为自己和他人的生活提供产品和服务 14.8 及时并恰当地处理环境问题 14.9 以一种建设性的积极的方式处理文化冲突 14.10 对事物具有正确的洞察力和鉴别力

澳大利亚创业学习成果调查问卷

1. 学生问卷

请根据同意程度选择，其中 *1* 代表非常不同意，*2* 代表不同意，*3* 代表同意，*4* 代表非常同意。

思考我自己		分数				我怎么知道的？
名字：		1	2	3	4	我做的什么事情可以证明我的答案？
1. 我会按照自己想要知道的内容设置学习目标并为之努力						
2. 我能充分利用电脑和因特网寻找并组织学习所需要的信息						

189

思考我自己	分数				我怎么知道的？
3. 我很善于劝导别人做正确的事情					
4. 我很善于倾听他人的意见，并纳入我的行动中					
5. 我通过项目为社区和学校做出了很多贡献					
6. 我做的事情显示了我对他人、对社区高度的责任感					
7. 我乐于向他人施加积极的影响					
8. 我会经常思考自己的行为，并为了获得更好的结果而加以改进					
9. 我乐于做一些会对他人和社区有积极影响的事情					
10. 我能够识别和组织那些有助于学校和社区的项目					
11. 按时并保质保量地完成项目中的任务对我来说非常重要					
12. 我为了保证学校和社区的项目能够获得成功花费了很多自己的时间					
13. 我分析事物会采用不同的观点，并找出最佳方法					
14. 我在学校和社区的项目中使用各种课程的知识					
15. 我很善于找到社区项目中哪些事情需要去做，以及这些事情中哪件事情是首先要做的					
16. 我能够找到哪些机会是利于社区及自身发展的，同时能够及时把握这些机会					
17. 我能够积极对待挫折，并把他们看作是提升自己的机会					
18. 我会反思自己的所做所说，并及时改正					

思考我自己	分数		我怎么知道的？
19. 我知道在不同的场合中应该穿什么衣服、说什么话、做什么事			
20. 我能发现别人的长处，并在项目中充分发挥他们的长处			
21. 我知道自己的长处和短处，并知道取长补短			
22. 如果允许的话，我会在项目中起领导作用			
23. 我能够妥善处理他人不同意自己意见的情况			
24. 当我知道别人做的事情是错误的的时候，我能够反抗他们的压力			
25. 我对于自己解决问题的能力很自信			
26. 我在小组合作中贡献了很多力量			
27. 我会仔细思考自己和别人的行为可能导致的结果			
28. 即使别人向我施加压力，我也会对他指出他行为中的错误			
29. 我采取行动的时候会坚持自己的信念			
30. 我对于周围的事物一直抱有乐观的态度			

2. 教师问卷

请根据同意程度选择，其中 *1* 代表非常不同意，*2* 代表不同意，*3* 代表同意，*4* 代表非常同意。

思考我的学生	分数				我怎么知道的？
我的名字： 学生名字：	1	2	3	4	我做的什么事情可以证明我的答案？
1. 他 / 她会按照自己想要学习的内容设置目标并为之努力					
2. 他 / 她能充分利用电脑和因特网寻找并组织他 / 她学习所需的信息					

191

思考我的学生	分数			我怎么知道的？
3. 他／她善于劝导别人做正确的事情				
4. 他／她善于倾听他人的意见，并纳入行动中				
5. 他／她通过项目为社区和学校做出了很多贡献				
6. 他／她做的事情显示了对他人、对社区高度的责任感				
7. 他／她乐于向他人施加积极的影响				
8. 他／她会经常思考自己的行为，并为了获得更好的结果而加以改进				
9. 他／她乐于做一些会对他人和社区有积极影响的事情				
10. 他／她能够识别和组织那些有助于学校和社区的项目				
11. 能够按时并保质保量地完成项目中的任务对于他／她来说非常重要				
12. 他／她为了保证学校和社区的项目能够获得成功，花费了很多自己的时间				
13. 他／她分析事物会采用不同的观点，并找出最佳方法				
14. 他／她在学校和社区的项目中使用各种课程的知识				
15. 他／她善于找到社区项目中哪些事情需要去做，以及这些事情中哪件事情是首先要做的				
16. 他／她能够找到哪些机会是利于社区及自身发展的，同时能够及时把握这些机会				
17. 他／她能够积极对待挫折，并把它看作是提升自己的机会				
18. 他／她会反思自己的所做所说，并及时改正				
19. 他／她知道在不同的场合中应该穿什么衣服、说什么话、做什么事				

思考我的学生	分数			我怎么知道的？
20. 他 / 她能发现别人的长处，并在项目中充分发挥他们的长处				
21. 他 / 她知道自己的长处和短处，并知道取长补短				
22. 如果允许的话，他 / 她会在项目中起到领导作用				
23. 他 / 她能够妥善处理他人不同意自己意见的情况				
24. 当他 / 她知道别人做的事情是错误的的时候，能够反抗他们的压力				
25. 他 / 她对于自己解决问题的能力很自信				
26. 他 / 她在小组合作中贡献了很多力量				
27. 他 / 她会仔细思考自己和别人的行为可能导致的结果				
28. 即使别人向他 / 她施加压力，他 / 她也会对别人指出行为中的错误				
29. 他 / 她采取行动的时候会坚持自己的信念				
30. 他 / 她对周围的事物一直抱有乐观的态度				

3. 家长问卷

请根据同意程度选择，其中 *1* 代表非常不同意，*2* 代表不同意，*3* 代表同意，*4* 代表非常同意。

思考我的子女	分数				我怎么知道的？
我的名字： 子女名字：	1	2	3	4	我做的什么事情可以证明我的答案？
1. 他 / 她会按照自己想要学习的内容设置目标并为之努力					
2. 他 / 她能充分利用电脑和因特网寻找并组织学习所需要的信息					
3. 他 / 她善于劝导别人做正确的事情					

思考我的子女	分数			我怎么知道的？
4. 他 / 她善于倾听他人的意见，并纳入行动中				
5. 他 / 她通过项目为社区和学校做出了很多贡献				
6. 他 / 她做的事情显示了对他人、对社区高度的责任感				
7. 他 / 她乐于向他人施加积极的影响				
8. 他 / 她会经常思考自己的行为，并为了获得更好的结果而加以改进				
9. 他 / 她乐于做一些会对他人和社区有积极影响的事情				
10. 他 / 她能够识别和组织那些有助于学校和社区的项目				
11. 能够按时并保质保量地完成项目中的任务对他 / 她来说非常重要				
12. 他 / 她为了保证学校和社区的项目能够获得成功花费了很多自己的时间				
13. 他 / 她分析事物会采用不同的观点，并找出最佳方法				
14. 他 / 她在学校和社区的项目中使用各种课程的知识				
15. 他 / 她善于找到社区项目中哪些事情需要去做，以及这些事情中哪件事情是首先要做的				
16. 他 / 她能够找到哪些机会是利于社区及自身发展的，同时能够及时把握这些机会				
17. 他 / 她能够积极对待挫折，并把他们看作是提升自己的机会				
18. 他 / 她会反思自己的所做所说，并及时改正				

思考我的子女	分数	我怎么知道的?
19. 他／她知道在不同的场合中应该穿什么衣服、说什么话、做什么事		
20. 他／她能发现别人的长处,并在项目中充分发挥他们的长处		
21. 他／她知道自己的长处和短处,并知道取长补短		
22. 如果允许的话,他／她会在项目中起到领导作用		
23. 他／她能够妥善处理他人不同意自己意见的情况		
24. 当他／她知道别人做的事情是错误的的时候,能够反抗他们的压力		
25. 他／她对于自己解决问题的能力很自信		
26. 他／她在小组合作中贡献了很多力量		
27. 他／她会仔细思考自己和别人的行为可能导致的结果		
28. 即使别人向他／她施加压力,他／她也会对别人指出行为中的错误		
29. 他／她采取行动的时候会坚持自己的信念		
30. 他／她对周围的事物一直抱有乐观的态度		

新西兰中学创业教育单元活动样本

标题	学习领域	年级	课时
细分计划:学生设计细分学校运动场功能计划	数学	4～6	12
当乐队经理人:学生充当乐队经理人的角色,设计一支他们自己的乐队并向市场推	英语	4～6	8
班级报纸:以小组的形式出版一份自筹资金的报纸,并向学校和社区发放	英语、艺术、健康和体育、数学	5	16
俱乐部和社团:学生和当地的俱乐部或组织合作开发财务管理计划	社会科学	5～7	12

标题	学习领域	年级	课时
制定决策：在商品购买过程中培养经济决策能力	社会科学	4～7	8
民主：学生通过创立自己的政治党派了解民主、政府和政治体制	社会科学	4～6	12
设计：学生为当地的企业设计广告和产品外包装	英语	6～8	12
设计一个咖啡杯：学生应用微积分原理，设一个函数，并且使函数围绕着 X 轴旋转设计一个咖啡杯	数学	7～8	6
特制食品：学生经过调研专门为某种娱乐活动，设计一种食品	技术	4～6	16
电力的使用：学生在学校调研电的使用情况	科学	5～7	12
电力记号对物理知识的运用：学生设计和开发一种电子标牌模型	科学	5～7	16
能源审计：学生对自己家里的能源进行审计，找到潜在的节能区域	科学	4～7	12
展销会思考日：建立思考伙伴，高年级学生通过思考与合作学习活动，组织、引领和指导低年级学生	健康和体育、技术	4	20
发现你自己的"声音"：学生通过观察自己周围的环境，发现他们自己真实的声音	英语	7	18
租公寓经验：调研租公寓所需的技巧，包括选择合租者、了解租房法规及承担费用	社会科学、技术	6	8
小组演讲：以小组的形式在商业秀中就某一个产品或概念进行展示	英语	4～6	8
为可持续发展的未来创建你的企业：学生自己选择一个园艺企业开发一个可持续发展计划，并成立一个小型"创业小组"	科学	7	16

标题	学习领域	年级	课时
健康行动计划：学生在所在社区寻找一个健康隐患问题，然后计划和实施一个健康策略	健康和体育	7	20
国际贸易：针对一个特定产品进行国际贸易调查	社会科学	6～8	12
语言学习：创建一个百科全书式网站，与目标语国家的学生分享新西兰生活	语言	1～8	12
让我们为生活的地方做些事情：学生找出所在社区的一个需要改善的地方，并且实施计划使之发生改变	社会科学	4～6	12
生活史：学生采访社区的老年人，询问他们的生活史	英语	4～7	12
媒体和环境项目：学生将他们的学习和一个校外的客户联系起来	技术	7	20
口头表达能力发展："口头表达日"	英语	5～8	8
行人计算：从事一项对行人主要是购物者商业敏感度的计算，并分析收集到的数据，运用统计方法进行计算	数学	5	12
慈善事业：对他人有所作为	社会科学	6～8	12
人口调研：调研新西兰的人口模式、人口进程及与人口相关的话题	社会科学	5～7	12
重新装修：学生调研并准备重新装修一间房	数学	5～7	12
难民采访：学生采访当地的难民，并为青少年难民设计一个学习资料包	社会科学	4～6	16
取样：学生与当地的葡萄园或果园合作参与样品分析过程	数学	6～8	12
运动设备：学生调研当地的运动设备，并为当地年轻人设计娱乐设施	健康和体育	4～6	12
运动分析：学生调研数字统计在运动绩效跟踪中的运用	数学	4～5	12

标题	学习领域	年级	课时
创作团队：学生合作设计纺织艺术品类型的舞蹈／运动和戏剧表演	艺术	5	12
城镇标志：学生进行调查，并为城镇的入口道路设计标志	社会科学	4～6	12
志愿者是具有创业精神和进取心的人：让学生去认识、采访和感谢社区的志愿者	社会科学、英语、健康与体育	3～4	16
新西兰的废弃物：了解新西兰的废弃物，并在自己的社区采取行动	社会科学	4～6	16
2030 年的理想食物将会是什么？想象什么食物将会在 2030 年成为学生的理想食物	数学	2～5	16
青年文化：学生调查研究一个与人权相关的校内事件	社会科学	4～6	12